Katharina Müller-Wagner
Katja Hönisch-Krieg
Beate Bosse

Buchstaben-werkstatt

Arbeits- und Übungsmaterialien zum Lese- und Schreiblehrgang

Materialband 2

Gedruckt auf umweltbewusst gefertigtem, chlorfrei gebleichtem
und alterungsbeständigem Papier.

3. Auflage 2009
Nach den seit 2006 amtlich gültigen Regelungen der Rechtschreibung

ISBN 978-3-8344-**3842**-3

www.persen.de

Inhaltsverzeichnis

Die Materialbände der Buchstabenwerkstatt

Die Buchstabenwerkstatt ist ein umfassender, übersichtlich strukturierter Lehrgang zum Lesen- und Schreibenlernen. Sie ermöglicht jeder Lehrerin und jedem Lehrer ohne Mehrarbeit eine Berücksichtigung individueller Lernfähigkeiten und Arbeitsgeschwindigkeiten der Kinder. Das zentrale Lern- und Arbeitsmittel ist dabei die speziell für diesen Lehrgang entwickelte Anlauttabelle (s. Grundband, S. 10).
Die Buchstabenwerkstatt besteht aus dem Grundband sowie den Materialbänden 1, 2 und 3.

Das Gesamtwerk im Überblick:

Grundband: Anlauttabelle, Buchstabenformen mit Merkversen, Geschichten und Arbeitsblätter zur Einführung aller Buchstaben

Materialbände: Arbeits- und Übungsmaterial zur systematischen Festigung des Lernstoffs. Die Materialbände liefern eine Vielfalt an sofort einsetzbarem Arbeitsmaterial zu jedem Buchstaben sowie fächerübergreifende Vorschläge im gestalterischen, musischen und sportlichen Bereich, zum Kochen und zum Spielen.

Materialband 1: M/m, A/a, L/l, I/i, T/t, O/o, S/s, E/e, R/r, U/u, D/d
Materialband 2: N/n, B/b, H/h, F/f, W/w, Z/z, K/k, P/p, Ch/ch
Materialband 3: G/g, Sch/sch, J/j, Au/au, Ei/ei, Eu/eu, V/v, Ü/ü, Ä/ä, Ö/ö, C/c, Qu/qu, X/x, Y/y, Äu/äu, ie, ß, ng/nk, ck, Sp/sp, St/st, tz

Vorgehensweise und Arbeitsmaterialien

Wie schon im Grundband (Best.-Nr. **840**-X) erläutert, erfolgt der Einstieg in die Arbeit am Einzelbuchstaben durch den so genannten **Tastsack**. Die Kinder sitzen im Kreis. Der undurchsichtige Sack mit kleinem Schlupfloch (z. B. Kopfkissenbezug), der möglichst viele Gegenstände zum Buchstaben enthält, wird herumgereicht und die Kinder erfühlen/erraten den Inhalt. Hierbei bieten sich verschiedene Varianten an:

1. Jedes Kind erhält den von ihm erratenen Gegenstand, zeigt und benennt ihn und legt diesen dann auf einem für alle einsehbaren Sammelplatz ab.
2. Jedes Kind merkt sich still seinen Gegenstand. Am Ende der Runde werden die ertasteten Dinge benannt und gut sichtbar zentral gesammelt.

Ziel dieser Übung ist, dass der im Anlaut akustisch wahrgenommene und diskriminierte Laut zusätzlich auf der haptischen und optischen Ebene verankert wird.
Weitere wichtige Übungen zu diesem Zeitpunkt sind:

- Satzbau/ -bildung mit den Tastsack-Gegenständen im freien Gespräch;
- Silbentrennung bzw. Wortrhythmisierung durch Klatschen, Klopfen usw. zur Schulung der Unterscheidungsfähigkeit von Wortlängen;
- Buchstabenpositionierung und Hördifferenzierung im Wort (Reihenfolge: Anfang – Ende – Mitte).

Erst jetzt wird die Form des Großbuchstabens vorgestellt. Zur Sicherung des vorgegebenen Bewegungsablaufs muss die Schriftentwicklung in den folgenden Unterrichtseinheiten genau beobachtet und bei Bedarf korrigiert werden. Abwicklung, Einprägung und Üben der Form erfolgen multisensorisch durch:

- Merkvers, begleitet von grobmotorischen Bewegungen (s. Grundband);
- Prickvorlagen/Buchstabenkonturen in Prick-Technik (Formen nachstechen mit einer Pricknadel);
- große Ausmalschablonen zum Zeigen, Nachspuren, Ausmalen, Bedrucken, Bekleben mit verschiedenen Materialien;
- Ertasten, blindes Erraten der Form (Buchstaben aus Holz, beklebte Buchstabenschablonen mit Sandpapier, Teppichboden u.a. – s. Didaktische Hinweise).

Wenn die Form des Buchstabens verinnerlicht ist, wird er mit seiner individuellen **Geschichte** (s. Grundband) verknüpft.
Das auf der Anlauttabelle abgebildete Logo spielt in diesen Texten eine zentrale Rolle.
Die Darbietung in freier Erzählform hinterlässt bei den Kindern erwiesenermaßen einen nachhaltigen Eindruck und bietet durch freie Wortwahl die Möglichkeit der Anpassung an das Niveau der einzelnen Schülerinnen und Schüler. Gleichzeitig können unmittelbare Reaktionen und Kommentare der Kinder gut aufgegriffen werden. Zur Untermalung und Veranschaulichung eignen sich Handpuppen, Schattentheater u.a. Hierfür werden in den Materialbänden Schablonen, Bastelvorlagen usw. angeboten.
Beim Nachspielen, Erzählen und im freien Gespräch erfolgt sowohl die Verständniskontrolle als auch die Festigung des Geschichtsinhalts.

In dieser Phase konnten wir bei den Kindern einen außerordentlich hohen Motivationsgrad beobachten, die gewonnenen Eindrücke in freier Form selbst schriftlich zu formulieren. Unter Zuhilfenahme der Anlauttabelle können nun nach individuellem Leistungsstand Texte produziert werden, bei denen die Genauigkeit der Inhaltswiedergabe im Vordergrund steht.
Der orthographisch korrekten Schreibweise soll jedoch zu diesem Zeitpunkt auf keinen Fall Wichtigkeit beigemessen werden, um die Schreibfreude und den Schreibfluss nicht im Keim zu ersticken; lautorientierte Schreibungen werden akzeptiert. Sie richten sich nach dem individuellen Sprachentwicklungsstand und der Aussprache (auch nach dem regionalen Dialekt) des Kindes. In der Regel variieren die Schreibprodukte innerhalb eines Klassenverbandes stark hinsichtlich Genauigkeit und Umfang.

Auch wenn die Schülerin oder der Schüler nur wenig oder überhaupt nicht selbst lesen kann bzw. noch nicht laut vorlesen will, findet Lesen statt. Durch das selbst geleitete und individuelle Schreiben entstehen „innere Wortkonstruktionen", die nicht nur das Schreiben, sondern ebenso das Lesen erforderlich machen und die Lesefähigkeit als solche entwickeln. Abzulehnen ist hier eine vergleichende Bewertung der Schreibergebnisse! In diesem Stadium ist es wichtig, dass jedes Kind größtmögliche Bestätigung und Beachtung bezüglich seiner Schreibprodukte erfährt – auch innerhalb der Klasse. Solange eine Schülerin oder ein Schüler nicht bereit ist, seinen Text selbst vorzulesen, übernimmt die Lehrkraft diese Aufgabe.
Jede Lehrerin und jeder Lehrer ist nach kurzer Zeit in der Lage, die „Skelettschreibungen" flüssig zu interpretieren.

Im Anschluss erhalten die Schülerinnen und Schüler Arbeitsmaterialien, beginnend mit dem **Einführungsblatt zum Großbuchstaben** (Grundband), auf dem die Form und der motorische Ablauf in vorgegebener Lineatur und unterschiedlicher Größe trainiert werden. Wichtig ist die Einhaltung der Begrenzungen bei flüssigem Bewegungsablauf (möglicher Wettbewerb: schönstes Blatt o.ä.). Auf dieselbe Weise erfolgt die motorische und optische Einführung des Kleinbuchstabens (s. Grundband). Bereits nach 3–4 Unterrichtseinheiten sind die Kinder in der Lage, die Aufgaben weitgehend alleine in Freiarbeit zu bewältigen.
Die multisensorische Verankerung erfolgt mit den Arbeitsblättern (Materialbände 1, 2 und 3), sowie durch tägliche (sehr wichtig!) akustische Differenzierungsübungen. Die auf den ersten Blick rein spielerisch und themenfremd erscheinenden Aufgaben fördern erwiesenermaßen kognitive Teilleistungen, die für den störungsfreien Erwerb von Lesen und Schreiben unabdingbar sind.
Eine unterschiedliche Gestaltung der Arbeitsblätter mit wechselnden Einstiegsformen und

variierenden Aufgabenstellungen soll monotones, unreflektiertes Abarbeiten ausschließen. Es wurde sorgfältig darauf geachtet, dass jede Buchstabeneinheit Übungen für verschiedene kognitive Bereiche enthält.
Die individuellen Leistungen klaffen bei Erstklässlern im akustischen Bereich weit auseinander. Form und Umfang der sprachlichen Ausdrucksfähigkeit eines Kindes geben nicht zwingend Aufschluss über den Entwicklungsstand der akustischen Differenzierung. Die häufig unerkannten Defizite auf diesem Gebiet führen direkt in die Problematik bei der Alphabetisierung.
Viele Schülerinnen und Schüler mit Rechtschreibschwächen haben diese Entwicklungsstufe nur unvollständig durchlaufen. Deshalb sollten die angebotenen Hörübungen zur akustischen Differenzierung sorgfältig und lückenlos bearbeitet werden. Tägliches Üben in den ersten Unterrichtsmonaten ist unabdingbar und sichert einen störungsfreien Schriftspracherwerb.

Didaktisch-lernpsychologischer Hintergrund der verschiedenen Übungen:

Kognitive Fähigkeiten werden gezielt trainiert durch:

- **Paare suchen:** Detailunterscheidung, Raum-Lage-Richtungserkennung, optisches Formen-Gedächtnistraining, Erlernen systematischer Vorgehensweisen und Lösungstechniken;
- **Linien nachspuren/folgen:** Auge-Hand-Koordination, vorausschauendes Denken, Schulung kontinuierlicher Augenrichtungs-Bewegung, Einüben der Aufmerksamkeitskonstanz;
- **sprechen – hören:** Lautdifferenzierung, Lautdiskriminierung, Gehörschulung, spätere Positionszuweisung des Einzellauts im Wortverbund (Anfang - Ende - Mitte);
- **klatschen – sprechen:** Automatisieren der Sprachrhythmisierung für die Wortzerlegung und den silbenstrukturierenden Wortaufbau beim Schreiben, Positionszuweisung im Wortgesamtgefüge, akustisch-motorische Verknüpfung, Koordination von Sprache (Klang, Satzmelodie) und Motorik;
- **falsches Bild suchen:** Trainieren von Detailunterscheidungsfähigkeit, Formerkennung und Formdifferenzierung, Schulung des Kurzzeitgedächtnisses;
- **grafische Muster ausmalen/Muster fortsetzen:** Einübung von feinmotorisch flüssigen Bewegungsabläufen, Rhythmisierung von richtungsorientierter Motorik, Raum-Lage-Größen-Richtungsunterscheidung;
- **Bilder vervollständigen:** Unterscheidung/Zuordnung von Formen und Details unter Beachtung von Raum, Lage, Größe und Vollständigkeit;
- **Suchbilder:** örtliche Zuweisung von Details innerhalb einer komplexen Umgebung, ausgrenzen und vergleichen;
- **Lieder, Gedichte, Auszählverse, Rätsel**: Erhaltung und Förderung der kindlichen Spiel-, Lern- und Singfreude, Auflockerung des Unterrichts und der Lernatmosphäre, Verankerung und Festigung des Lernstoffs;
- **Sprech- und Schreibanlass:** diese Arbeitsblätter bilden den Abschluss der jeweiligen Buchstabenlerneinheit. Sie greifen die Metaebene der Geschichte auf und knüpfen einen Bezug zu den persönlichen Emotionen, Bedürfnissen und dem Lebensumfeld des Kindes. Die Blätter sollten von den Schülerinnen und Schülern mit besonderer Sorgfalt ausgestaltet und als Geschichtensammlung in einem persönlichen Ordner archiviert werden. Die frei erstellten Texte dokumentieren in regelmäßigem Abstand die Entwicklung des Schriftspracherwerbs. Sie eignen sich sehr gut für eine vergleichende Leistungsbeurteilung und können zur Fehleranalyse herangezogen werden. So findet Lernzielkontrolle auf spielerische und motivierende Weise statt. Weiterhin bieten diese Arbeitsblätter der Lehrkraft die Möglichkeit, Einblick in die seelische Befindlichkeit eines Kindes zu bekommen.

Wichtig: Die lautorientierte Schreibweise nach individuellem Wissensstand steht im Vordergrund; die Blätter werden **nicht** nach orthographischen Regeln korrigiert! Schülerinnen und Schüler sollten sich jedoch nach besten Kräften bemühen „schön" (nach traditionellem Verständnis) und klar strukturiert zu schreiben. Unter diesem Aspekt ist auch die graphische Gestaltung zu sehen (Wettbewerbe, Prämierungen, Vergleiche der Arbeiten).

Die Kinder haben jederzeit Zugriff auf die Anlauttabelle. In unserem Lese- Schreiblehrgang stellt diese das zentrale Arbeitsmittel im Sinne eines Handwerkszeugs für den täglichen Einsatz dar. Sie wurde deshalb nach Gesichtspunkten der Einfachheit, Übersichtlichkeit, Eindeutigkeit, Ansprechbarkeit und Ähnlichkeitshemmung erstellt.
Erfahrungsgemäß genügt vielen Kindern bei der Bearbeitung ihrer Aufgaben schon nach kurzer Zeit ein kontrollierender Blick auf eine der gut sichtbar aufgehängten großformatigen Anlauttabellen.

N

Als Vorübung zur Schreibtechnik des Großbuchstabens empfehlen sich Strichübungen von unten nach oben und umgekehrt. Ziel ist die genaue optische und motorische Differenzierung von senkrechten, schrägen, parallel- und auseinander laufenden Strichführungen. Erst im zweiten Schritt erfolgt die Verbindung der Linien zum eigentlichen Buchstabenbild. Als Garant für eine flüssige Handschrift muss die durchgängige Schreibung konsequent eingeübt werden. Wichtig dabei ist die senkrecht nach oben verlaufende Richtung des dritten Strichs.

Die Gegenüberstellung der Buchstaben N und M erfolgt zunächst optisch, später akustisch. Eine Visualisierung der unterschiedlichen lauttechnischen Anbildung unter Zuhilfenahme eines Handspiegels ist für viele Kinder sehr hilfreich.

Die phonetische Ähnlichkeit der beiden Laute erfordert häufige und konsequente Diskriminierungsübungen im täglichen Unterricht.

Die angebotene Zusatzgeschichte „Ninas Reise nach Norwegen“ (s. Seite 19) bietet weitere Arbeitsmöglichkeiten mit N / n -Wörtern.

Das Kreuzworträtsel und die Bild-Wort-Liste stellen eine modifizierte Form der Lernkontrolle dar. Sie können vom Lehrer bzw. von der Lehrerin wie ein Wortdiktat zur Bewertung des individuellen Leistungsstandes verwendet werden.

Der Inhalt der Buchstabengeschichte bietet Ansatzpunkte um weiterführend das Thema „Sammeln/Sammelleidenschaft“ aufzugreifen. Ergänzend können auch alterstypische Modeerscheinungen unter konsumkritischen Aspekten erörtert werden (Überraschungs-Eier, Sammelbilder, Figuren-/Puppenserien).

Zur Gestaltung der Buchstabenschablone schlagen wir Nussschalenhälften oder verschiedene Nudelsorten vor.

Dinge im Tastsack

Nachthemd
Nadelkissen
Nagel
Nähkorb
Napf
Nase (Pappnase)
Nerz (Fellstück)
Nest

Netz
Nikolaus
Nilpferd
Nixe
Note (Kartonschablone)
Nudel
Nugatcreme
Nuss

Auszählvers

Knack die Nuss,

knack die Nuss

und du kriegst `nen dicken Kuss.

Kannst du keinen Kuss vertragen,

musst du schnell ein N - Wort sagen.

Lied

Das Nasen-Lied

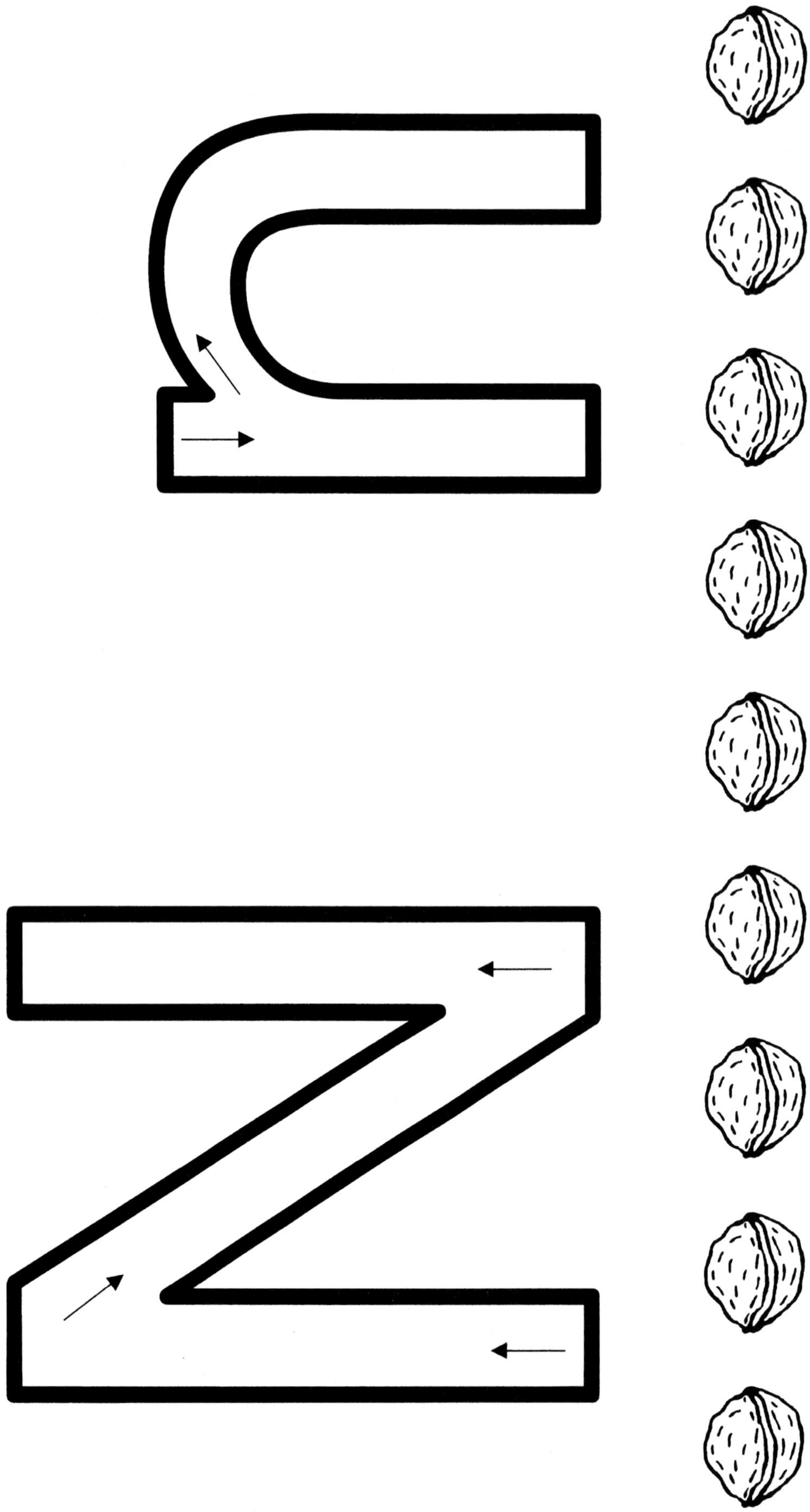

Die Nussdetektive

 Sofie und  Fabian sind Freunde.

Sie gehen in dieselbe  Schule und

wohnen am  Park.

Dort gibt es viele  Eichhörnchen.

Da ist Nora und da ist Niko.

Beide bekommen jeden Tag eine  Nuss

von  Fabian.

Eines Tages sind alle  Nüsse weg.

 Sofie und  Fabian finden unter einem

 Baum das Versteck mit den  Nüssen.

Die Diebe heißen ____________ und ____________.

1.) lesen, Verbindung zwischen Wort und Bild nachfahren, schreiben
2.) Wörter zusammensetzen, schreiben, Wortfeld mit geschriebenem Wort verbinden

1)

Nest Nadel Niko Nase Nora Nuss Note

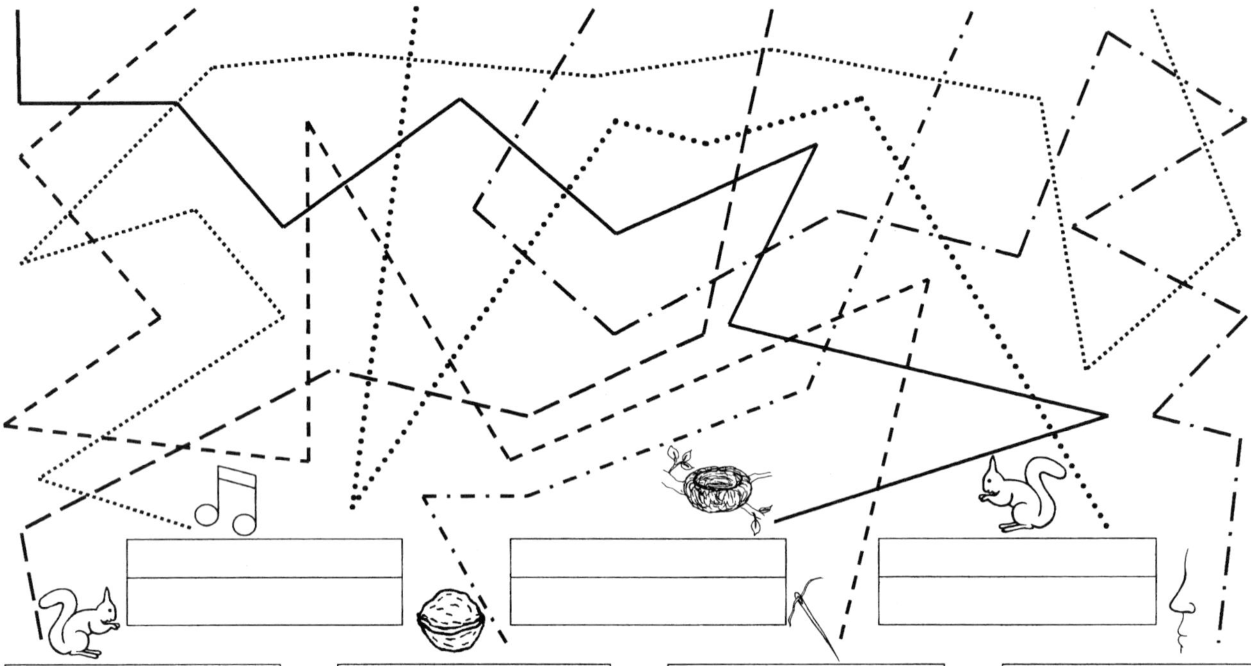

2)

Nase

a N e s

N e s t

N d l u e

a N d e l

N i n a

N r a o

N e a m

u s N s

o t N e

1.) alle Wörter mit **N / n** umkreisen
2.) alle umkreisten Wörter aufschreiben,
als „Belohnung" Nüsse ankreuzen

Das kannst du auch schon schreiben:

2)

Dino

1)

Für jedes richtig geschriebene Wort gibt es eine Nuss:

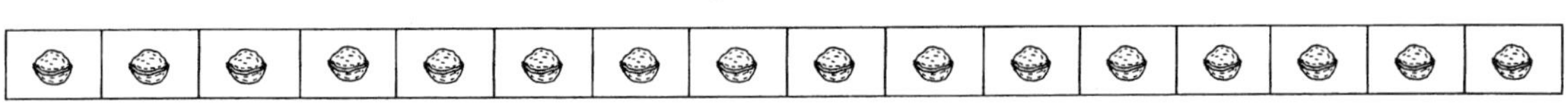

1.) Kreuzworträtsel ausfüllen
2.) Muster / Schraffierungen vervollständigen
3.) Kontrollwörter für Kreuzworträtsel

1)

2)

3) NUSS SONNE NASE ENTE INSEL MANTEL NOTE MOND NEST TANNE

1.) Text lesen, entschlüsseln
2.) Text richtig abschreiben
3.) Schnellsprechtext üben

1) Toi ud ora sid
mit Dio im .
Dio malt mit Tite.
Er malt Soe, Mod
ud Stere.
Er malt Toi ud ora
mit Tite a.
ei, Dio, ei!

2)

3) Blasen Dinos beim Rasen durch die Nasen?
Dinos blasen beim Rasen durch die Nasen!

1.) in jeder Reihe 10 **n** finden, nachfahren
2.) Lernwörter finden, markieren, schreiben
3.) **n** hören (Anfang, Ende, Mitte), farbig zuordnen

1)

numnnmumunumnumnnunmununm
unumnmnumununnmunnunmuuunm
nunnunmunumnunmnnmummnmum
mmumnumnmmnnumuumnnunumnmnunu
muunnmmnunmnmnmunmunmmnmnuumu
munmunmmunmunmunmnunmunmunmmn
nuumnummnmnmnunumumnmnnmumnmu

n

2)

KSUENYLEHANASEJISLRNXUENOTEMLAJDSOWMÖUMGT
TOFZNEGPUIRNINAHSTEMSNESTKABEISÖEMNUDELGSL
VUALEZSNUSSPRÖAÜDNÄDJZNORAHBLWQVAOSGRNOI
JTEMIFAWPLEMSUZTHNAMEKTOWNKANADELBFUIEMSH

3)

Mein schönstes N - Nashorn

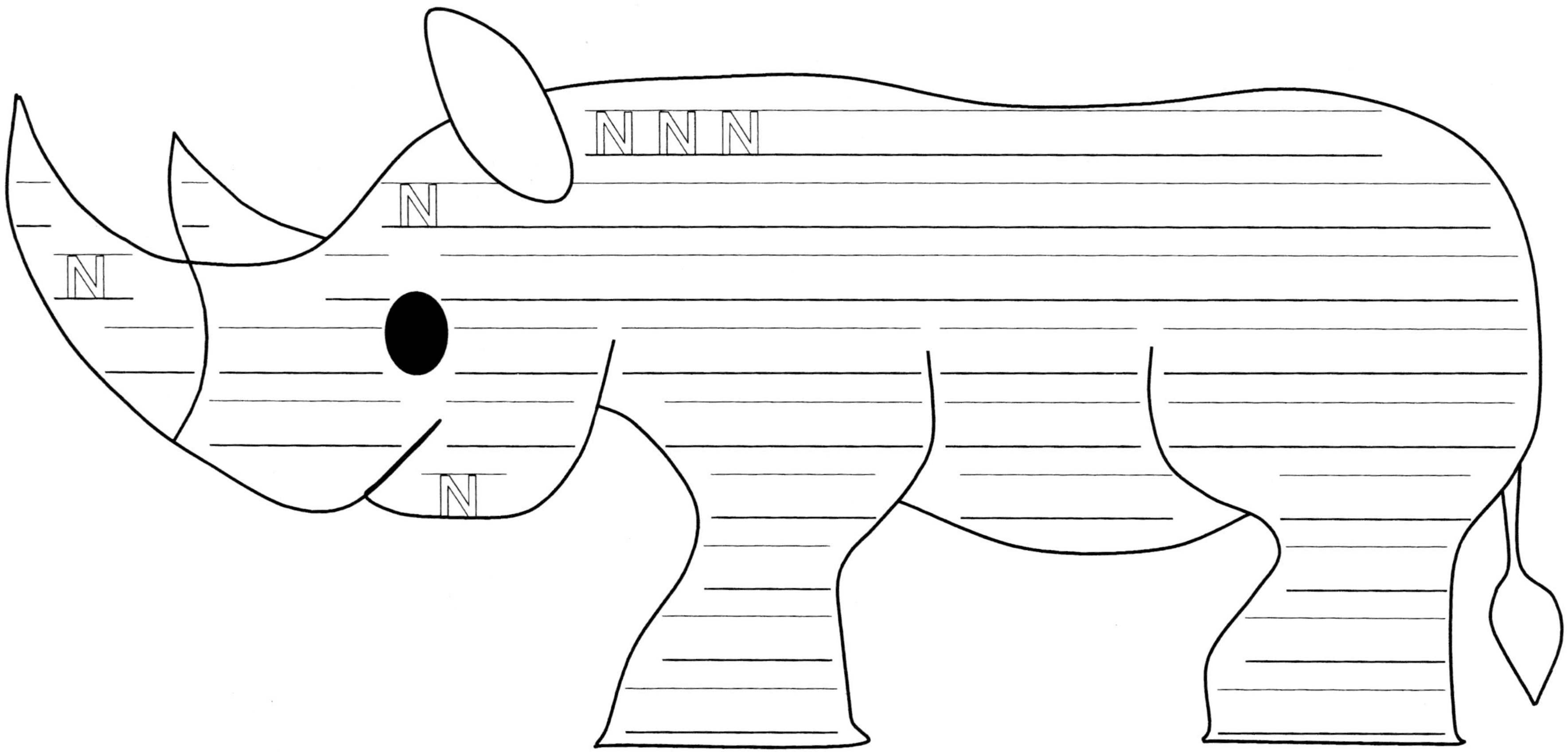

1.) richtige Gegenstände umkreisen, falsche durchstreichen
2.) Wortteile richtig zusammensetzen
3.) Wörter aus Aufgabe 2.) schreiben

1)

Weißt du noch, was in Ninas Koffer ist?

2)

se Nuss del Nüs knacker Nu gel

Nagel Nugat del Nacht Na Nil lack

horn Na pferd creme Nas hemd

3)

Lesetext
1.) Erzähle die Geschichte.
2.) Umkreise alle N rot, alle n grün.
3.) Suche alle N / n -Wörter aus dem Text und schreibe sie in dein Heft.

Ninas Reise nach Norwegen

Nina möchte mit ihrem N-Koffer Onkel Norbert und Tante Nora in Norwegen besuchen.
Deshalb packt sie alle N-Sachen in ihren Koffer.
Das Nilpferd, der Nagel, die Nadel, die Nugatcreme, das Nashorn, die Nudel, das Nachthemd, die Nuss, das Netz, der Nagellack und der Nussknacker kommen mit.
Auf der Reise passieren merkwürdige Dinge:
Einmal ist zum Beispiel der Nagel im Koffer ein wenig ungeschickt und beschädigt die Naht des Nachthemds. Das Nachthemd ruft: „Ach, Herr Nagel, seien Sie doch bitte etwas vorsichtiger! Wie sieht meine Naht denn jetzt aus? Mit einem solchen Loch kann ich doch nicht wegfahren!" Das hört die Nadel, kommt angeflitzt und fragt: „Frau Nachthemd, soll ich Ihr Loch stopfen? Ein Stich hier und ein Stich dort und Ihr Loch ist wieder fort."
Das Nilpferd grunzt im Hintergrund: „Na, mir könnte so etwas nicht passieren!" Es leckt dabei heimlich an der Nugatcreme und lässt sich von den Klagen des Nachthemds nicht aus der Ruhe bringen.
Nur die Nudel hüpft aufgeregt hin und her und meint: „Ich könnte doch vielleicht als Faden dienen!? Dazu würde ich mich bestimmt gut eignen."
Bei diesem verrückten Vorschlag der Nudel verschluckt der Nussknacker vor Schreck die Nuss, die er gerade knacken wollte.
Auch die anderen im Koffer finden es komisch, dass die Nudel als Faden benutzt werden will. Sie lachen und kichern noch während der ganzen Reise.
Dann kommen sie endlich in Norwegen an.
Nina wird am Bahnhof von Onkel Norbert und Tante Nora abgeholt.
Nach dieser langen Reise hat Nina einen riesigen Hunger. Als die drei bei Onkel Norbert und Tante Nora zu Hause ankommen, gibt es eine ganz leckere Buchstaben-Nudelsuppe zu essen.
Nina geht in ihr Zimmer, um den Koffer auszupacken.
Aber was sieht sie da!?

Ich sammle ______________,

weil ______________________________

____

____

____

____

____

____

Das ist meine Sammlung:

Nuss-Apfelschnee

Zutaten:

1 Glas Apfelmus
1 Becher Sahne
50 g gemahlene Nüsse
2 EL Zucker
20 Walnusshälften

Zubereitung:

1. Schlage die Sahne mit dem Mixer steif. Gib den Zucker und die gemahlenen Nüsse löffelweise zu.
2. Schütte das Apfelmus in eine Schüssel und hebe mit einem Schneebesen vorsichtig die Sahnemischung unter.
3. Garniere den Nuss-Apfelschnee mit den Walnusshälften und stelle ihn kalt.

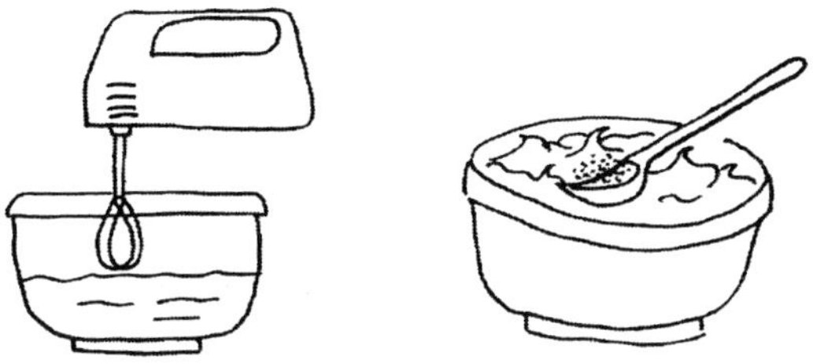

Didaktischer Hinweis

B

Der Buchstabe B erfordert ähnliche motorische Geschicklichkeit wie z.B. das S . Die Bogenformen sollten exakt innerhalb der vorgegebenen Lineatur ausgerichtet und in ihren Proportionen stimmig sein.
Optische Differenzierungsübungen bezüglich der Lage im Raum (Spiegelbild) sind insbesondere für Kinder mit Richtungsunsicherheiten erforderlich (Zusatzmaterialien: z.B. Bergedorfer Kopiervorlagen, LRS-Trainingsmaterialien).
Für alle Kinder kann wieder eine Einheit mit Übungen zur Seitenzugehörigkeit rechts/links in Form von Spielen angeboten werden (mit Bällen: prellen, rollen, werfen links/rechts; mit Gymnastikbändern: kreisen, Bögen und Wellen schlagen links/rechts; mit Luftballons und aufblasbaren kleinen Papierbällen: balancieren, zuwerfen, kicken; Sprech-Bewegungsspiele wie „Kommando Pimperle" u.a.).
Eine sorgfältige, übungsintensive akustische und optische Differenzierung und Abgrenzung zu p , d und g reduziert mögliche Rechtschreibfehler im Ansatz!
Fächerübergreifend können Regeln für Mannschaftsspiele erarbeitet werden. Gruppen- und Einzelwettspiele in Turnierform sind für Kinder motivierend und erhöhen den Übungsanreiz.
Zum Abschluss dieser Buchstabeneinheit wäre z.B. ein „Spielzeug- oder Sporttag" denkbar und ist auch mit wenig Aufwand zu organisieren: Jedes Kind darf sein Lieblingsspielzeug oder -sportgerät mitbringen, das dann im Auslosungsverfahren im Fünf- bis Zehnminuten-Rhythmus getauscht wird.
In unseren Klassen richteten wir zu diesem Zeitpunkt eine klasseneigene Sportgeräte-Kiste mit Federballschlägern, Tischtennisschlägern, Fuß-, Basket- und Softbällen, Indiakas, Spring- und Gummiseilen ein. Wir konnten feststellen, dass die Mehrzahl der Kinder begeistert von diesem Angebot Gebrauch machten und die Sportgeräte in den Pausen zum Einsatz kamen. Streitigkeiten und Aggressionshandlungen nahmen deutlich ab.
Die Buchstabenschablone kann mit kleinen Bällchen aus buntem Papier dekorativ beklebt werden.

Dinge im Tastsack

Baby (Puppe)	Bett	Boxhandschuh
Badewanne	Beutel	Brausestäbchen
Bagger	Binde (Mullbinde)	Brett
Ball	Bleistift	Brezel
Bambus (Stab)	Block	Brille
Band	Bluse	Brot/Brötchen
Bank	Bohne (Same)	Buch
Bär	Bohrer	Buddha
Batterie	Bohrmaschine	Bügeleisen
Becher	Bonbon	Büroklammer
Besen	Boot	Bus

Auszählvers
Wortsuchgitter

Eine Brille braucht das B,
damit es besser sieht.

Besonders mag`s die Namen,
die B am Anfang haben.

Kennst du ein solches Kind,
das auch mit B beginnt?

Dann sage es geschwind: ....
Eins, zwei, drei –
und du bist frei.

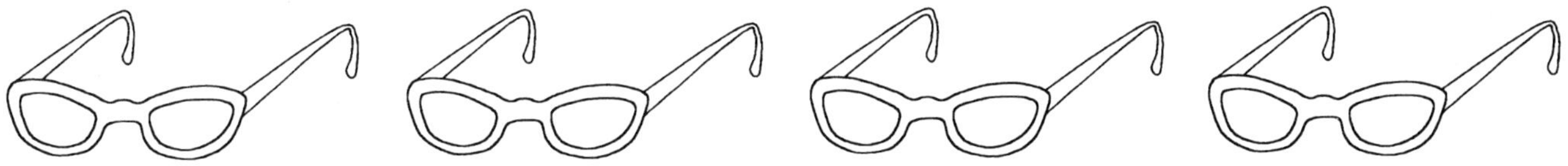

H	D	T	S	B	I	R	G	I	T	D	U	B	F	I
H	B	B	D	N	X	M	B	K	R	S	N	E	L	A
D	E	A	J	G	K	A	S	Q	W	E	T	R	G	U
B	G	N	B	A	H	B	O	R	I	S	G	N	E	N
U	F	U	D	G	Z	E	N	Y	T	U	L	D	C	O
R	T	U	K	B	I	H	M	R	J	B	J	Ö	R	N
H	Z	T	B	R	B	T	B	E	A	T	E	R	N	B
A	D	B	A	S	T	I	A	N	V	R	B	S	E	I
N	W	J	K	S	B	Ü	L	E	N	T	F	E	B	S
A	E	L	B	A	P	D	J	B	E	T	Ü	L	F	B
B	E	R	N	A	Ö	E	H	N	B	V	B	A	E	O
Ü	P	B	K	B	O	H	A	Y	Q	R	E	H	B	D
G	F	L	B	A	R	B	A	R	A	V	L	E	O	O
Z	W	A	H	B	E	T	T	I	N	A	L	F	I	P
E	X	N	B	I	R	O	L	B	L	F	A	Z	E	Z
M	R	C	B	T	B	R	I	G	I	T	T	E	D	A
G	B	A	S	B	H	B	D	T	B	E	Y	H	A	N

Suche diese Namen: →

BASTIAN
BELLA
BEYHAN
BARBARA
BORIS
BERNA
BANU
BIROL
BEATE
BLANCA
BURHAN
BETTINA
BJÖRN
BRIGITTE
BÜLENT
BIRGIT
BETÜL
BERND
BODO

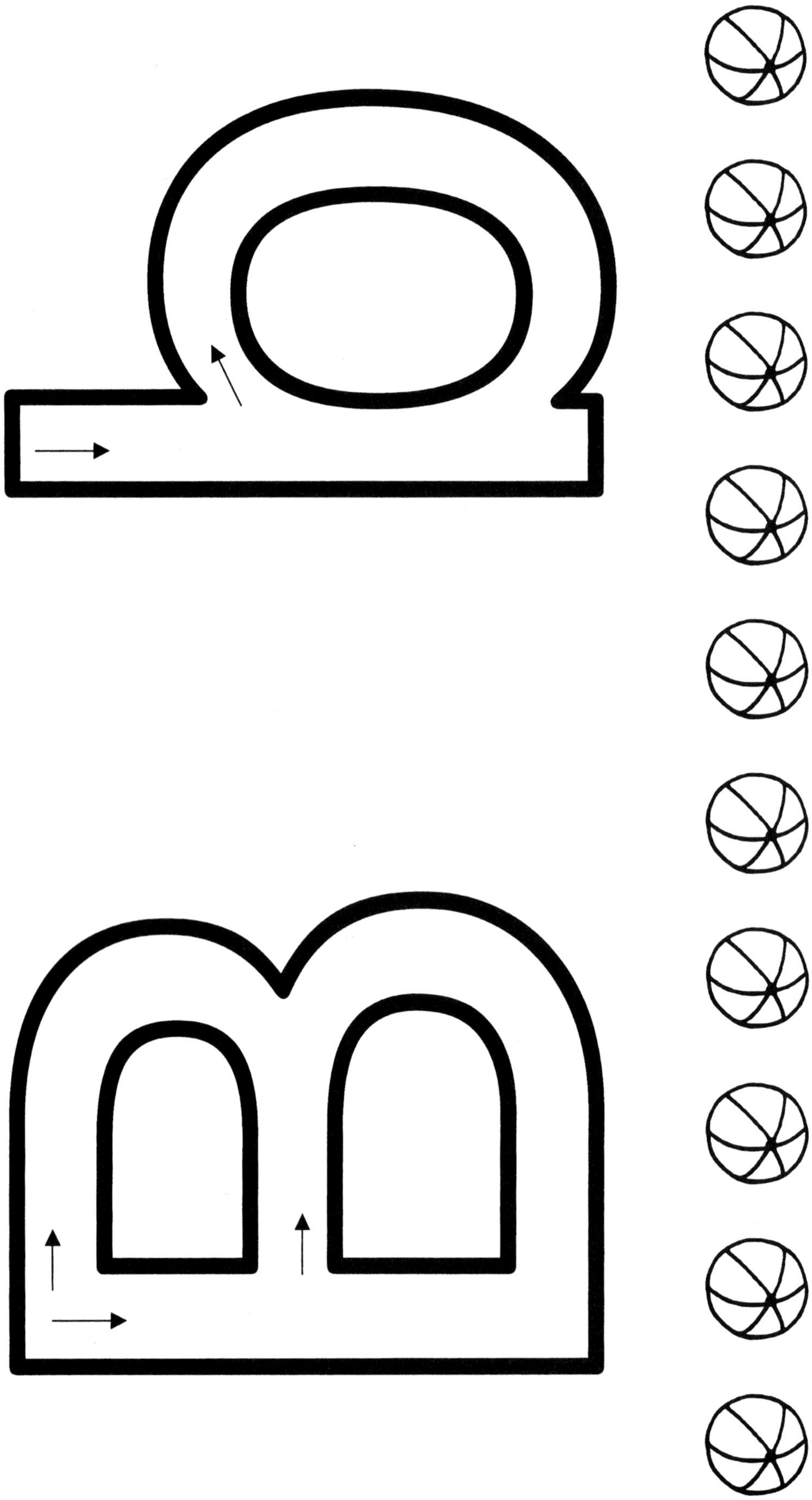

Der bunte  Ball

Im 

Schaufenster liegt ein schöner,

bunter  Ball.

Er langweilt sich und ist traurig.

Niemand will den  Ball kaufen.

Der  Ball fällt auf den Boden und rollt

– kuller di buller – die 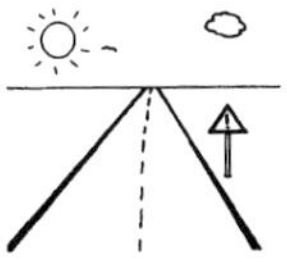 Straße entlang.

Ab und zu hüpft er vor Freude in die Luft.

Dann hört er Stimmen. Vor der 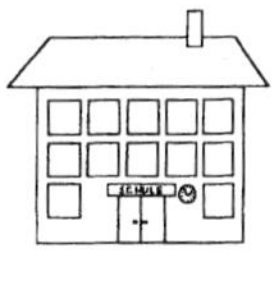 Schule

sind viele  Kinder.

Sie freuen sich über den  Ball und

spielen sofort ...

Lese-, Schreib- und Diktattext
1.) ausschneiden, zuordnen, aufkleben /
(lesen – üben – Hefteintrag)

1)

Ball - los.

rollt und rollt.

ins Tor.

2 Die Dame nimmt

im Laden.

3 Der Ball

4 Da sind Benni, Bastian,

1 Der Ball ist

den Ball.

5 Los -

Beate und Boris.

6 Der Ball rollt

1

2

3

4

5

6

1.) alle richtigen **B / b** bunt markieren
2.) **b** hören (Anfang / Ende / Mitte)

1)

B	B	ᗺ	b	d	ᗺ	B	**b**	
ᗺ	B	d	b	ᗺ	B	b	d	ᗺ
b	B	b	ᗺ	B	b	d	B	b
B	b	d	b	B	B	b	ᗺ	d

2)

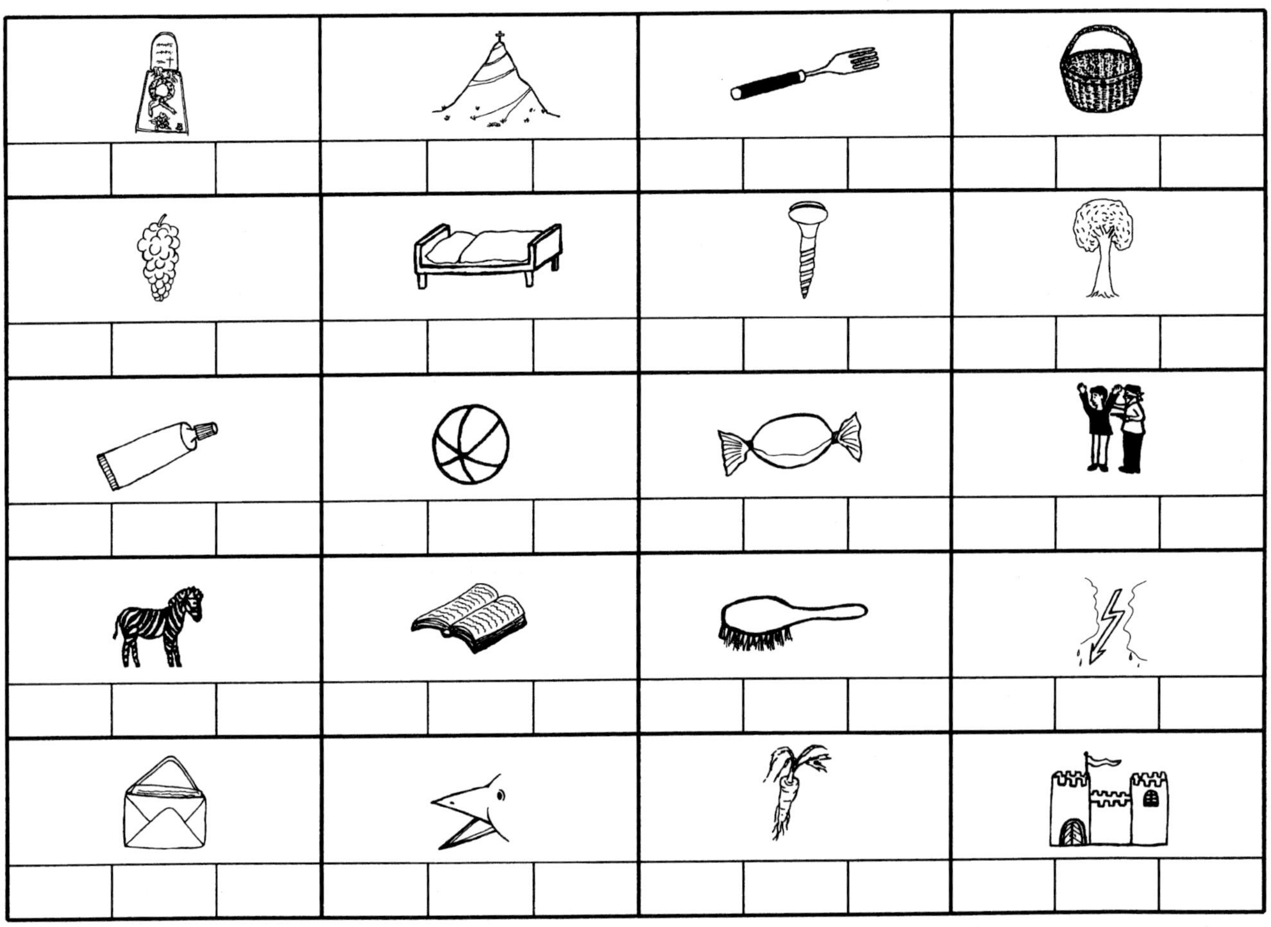

1.) Text lesen, abschreiben, üben,
Diktat als Lernkontrolle

1)

Der Ball ist im Laden.
Die Dame nimmt den Ball.
Der Ball rollt und rollt.
Da sind Benni, Bastian,
Beate, Boris und Bettina.
Los, Ball, los!
Der Ball rollt ins Tor.

1.) Paare suchen, verbinden / „Welcher Ball bleibt übrig?"
2.) Wörter suchen, schreiben, abstreichen

1)

2)

Besen Brille Bett Blatt Bild Birne
Blut Blume Bus Brot Bad Bombe

1.) Wörter bilden
2.) Wörter mit Artikel in die Tabelle schreiben

1)

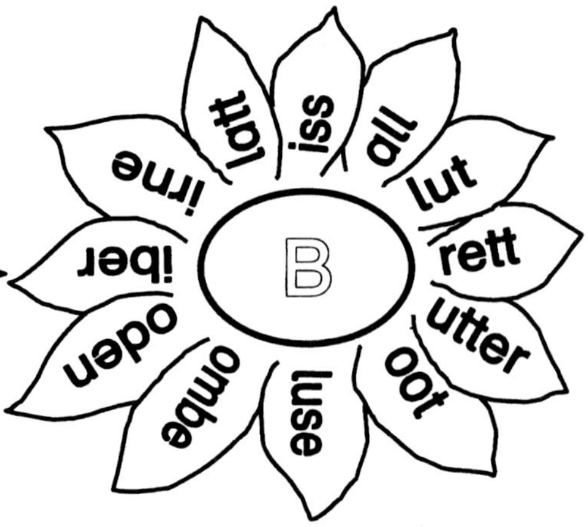

2)

der	die	das

1)

Rate, rate, was ist das?
Es ist kein Fuchs, es ist kein Has´ ...

1) Damit kann man kehren.

2) Es ist rund, man spielt damit.

3) Es ist gelb, krumm und schmeckt gut.

4) Es steht auf einem Bein, hat viele Arme und manchmal findet man ein Nest darauf.

5) Du verschickst es oder man bringt es dir.

6) Es hat verschlungene Arme, du kaufst es beim Bäcker.

7) Es ist rund und bunt, eine Nadel kann es kaputt machen.

8) Die Menschen lieben die Farben und den Duft, doch ohne Wasser stirbt es.

9) Es fährt auf der Straße und transportiert viele Menschen.

10) Es brummt, du kennst es als Kuscheltier oder als Raubtier.

1 ____ 2 ____ 3 ____

4 ____ 5 ____ 6 ____

7 ____ 8 ____ 9 ____ 10 ____

1.) Weg nachfahren, Lösungsbuchstaben eintragen
2.) Sing- und Tanzspiel

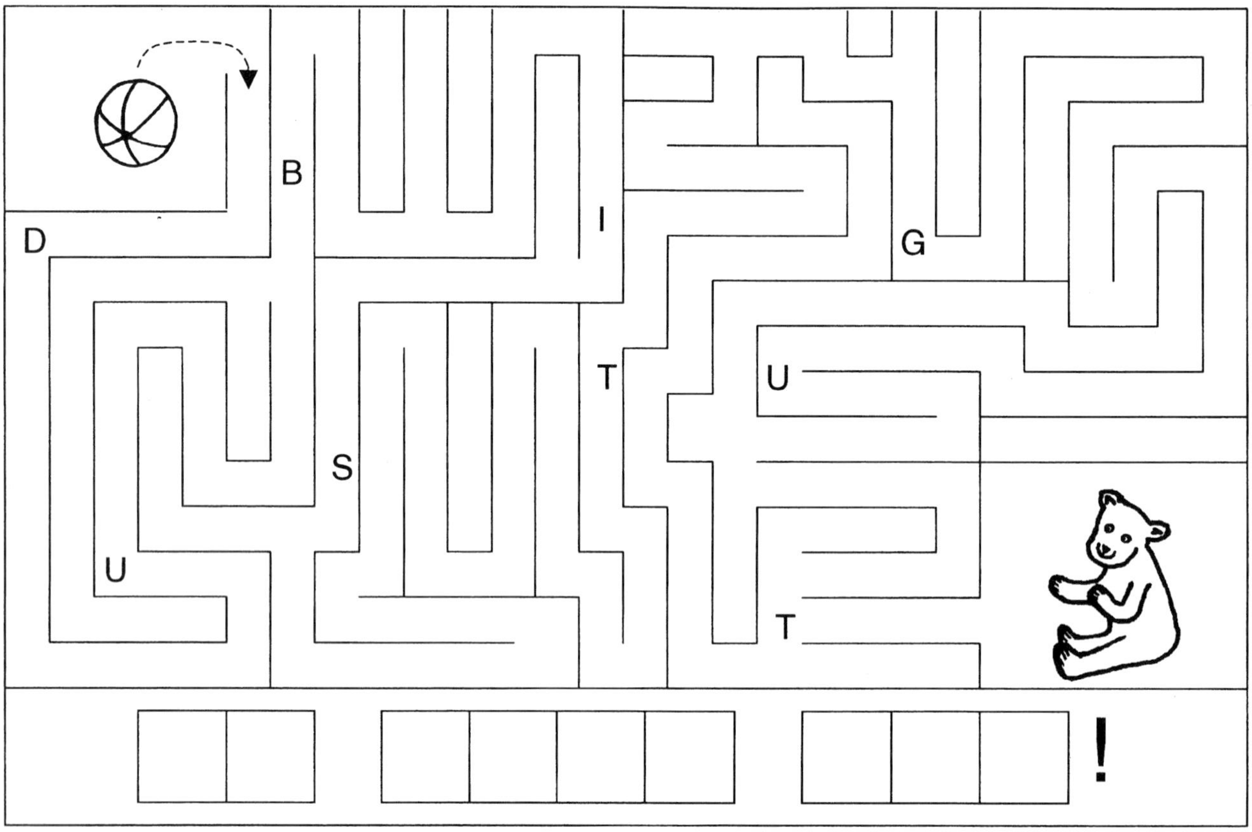

Kleiner Bär, komm, tanz mit mir!

Beide Hände reich ich dir.

Einmal hin,

einmal her,

rundherum, das ist nicht schwer.

Ich spiele gern ...

Duftender Ball

Benötigtes Material:

1 Orange
2 m Geschenkband (ca. 1 ½ cm breit)
Gewürznelken
1 Zahnstocher

Arbeitsanweisung:

1. Lege das Geschenkband von oben nach unten um die Orange. Überkreuze die beiden Enden und führe das Band wieder nach oben.
2. Verknote das Band fest an der Orange und binde die beiden Enden zu einer Schleife zusammen. So kannst du den Orangenball gut aufhängen.
3. Setze jetzt auf die ganze Orange die Nelken dicht aneinander.

Der Orangenball ist ein sehr schönes Geschenk, das 6–8 Wochen hält und einen angenehmen Duft verbreitet.

Bastelvorschlag

So steigst du durch ein Blatt Papier

Benötigtes Material:

1 Blatt Papier (DIN A4)
1 Schere

Arbeitsanweisung:

1. Falte die lange Seite des Blattes sehr genau; je zwei Ecken müssen aufeinander liegen.
2. Schneide entlang der vorgezeichneten Linien.
3. Öffne das Blatt und schneide entlang der Falzlinie. Die beiden äußeren Randstreifen darfst du auf keinen Fall durchschneiden!
4. Jetzt hast du eine lange Papierkette und kannst vorsichtig „durch ein Blatt Papier steigen".

1.

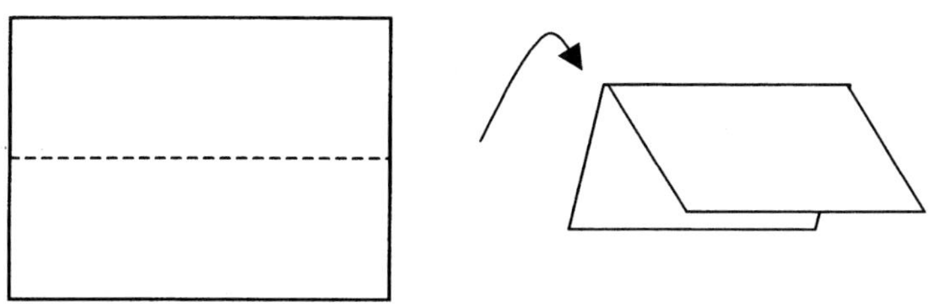

2.

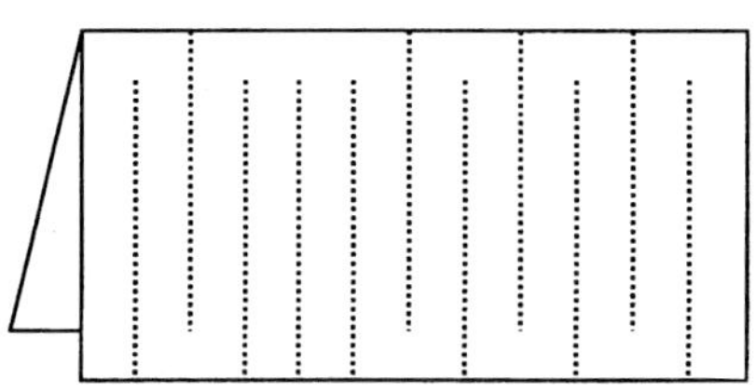

3.

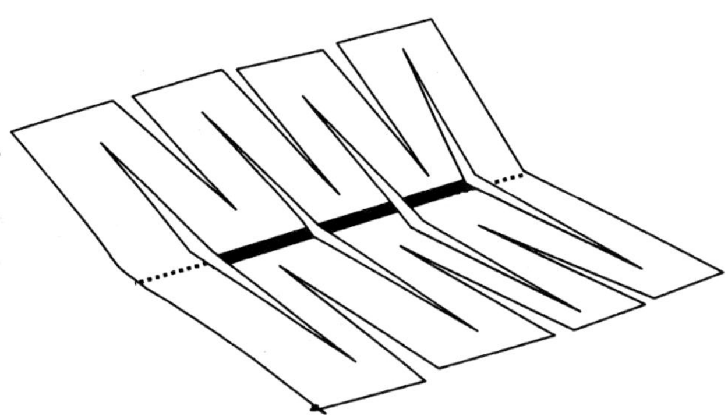

4.

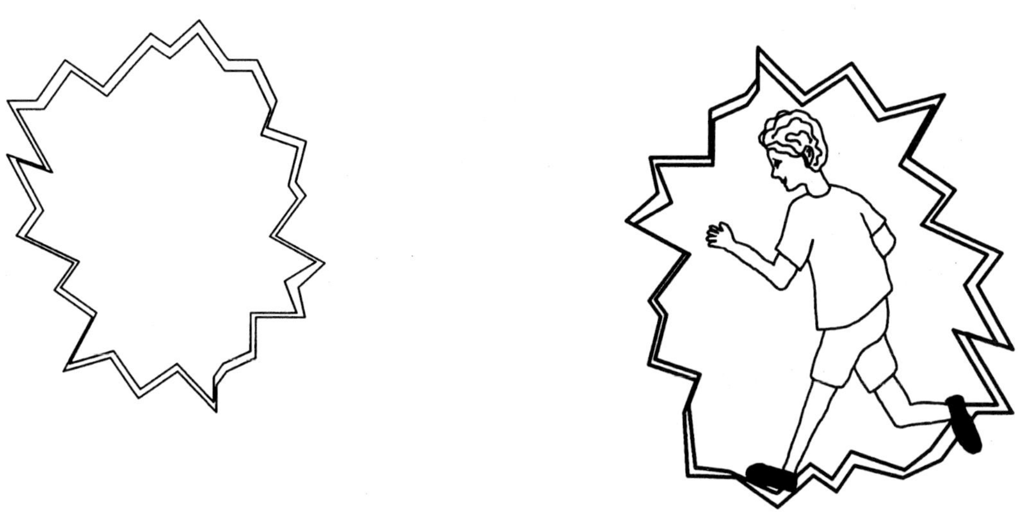

Rezeptvorschlag

Bratäpfel

Zutaten: (für 4 Personen)

4	säuerliche Äpfel
2 EL	Rosinen
2 EL	Zucker
½ TL	Zimt
½	Becher Sahne

Zubereitung:

1. Wasche die Äpfel und entferne mit einem Apfelausstecher die Kerngehäuse.
2. Verrühre die Sahne, die Rosinen, den Zucker und den Zimt mit einem Schneebesen.
3. Setze die Äpfel in eine eingefettete, feuerfeste Form und gieße die Füllung in die Apfellöcher.
4. Heize den Backofen auf 170° C vor.
5. Schiebe die Form auf einem Rost auf der mittleren Schiebeleiste in den Backofen und lass die Äpfel ca. 30 Minuten backen.

Bananen-Ananas-Shake

Zutaten: (für 6–8 Personen)

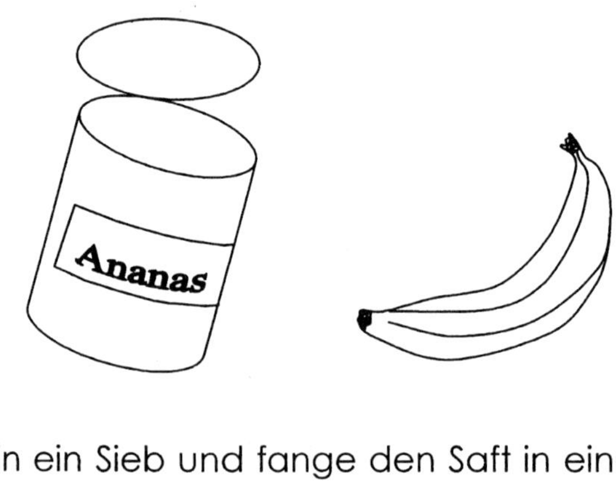

1	Banane
1	kleine Dose Ananas
1	Päckchen Vanillinzucker
1	Liter Milch

Zubereitung:

1. Schütte die Ananasstücke in ein Sieb und fange den Saft in einer Schüssel auf.
2. Schäle die Banane und schneide sie in Scheiben.
3. Püriere die Früchte mit dem Mixer und gib den Vanillinzucker dazu.
4. Gieße nun den Ananassaft und die Milch dazu und rühre alles kräftig durch.
5. Stelle den Shake bis zum Servieren in den Kühlschrank.

Didaktischer Hinweis

H

Mit der Bearbeitung der Buchstabeneinheit H / h treten neben der lautorientierten Schreibweise Elemente der Rechtschreibung auf. Im In- oder Auslaut dient das h teilweise als Dehnungsfaktor; es wird nicht gesprochen und kann daher akustisch auch nicht wahrgenommen werden.
Wir haben festgestellt, dass h im Anlaut für Kinder bestimmter Muttersprachen (z.B. Italienisch, Türkisch) sehr schwierig zu hören ist. Die Schreibergebnisse von Kindern nicht deutscher Muttersprache sollten deshalb besonders beobachtet werden; im Bedarfsfall müssen hier schon sehr früh gezielte Zusatzübungen eingebaut werden. Da der Laut als solcher nicht gesprochen wird, muss mit weiteren unterstützenden Maßnahmen gearbeitet werden (Mundstellungsbild, Manualsystem, Spüren des Atemflusses mit der Hand u.a.).
Wörter, die ein Dehnungs-h enthalten, können nur durch verschiedenartige Übungen im Langzeitgedächtnis gespeichert werden (Wortaufbau, Lückenwörter, Silbenbausteine, Würfelbuchstaben, Scrabble-Spiele, Stempeln usw.). Hörübungen zur Differenzierung kurzer und langer Laute eignen sich nicht für Kinder mit Aufmerksamkeitsdefiziten!
Zur Vorbereitung des Schreibanlasses können meditative Traumreisen mit den Kindern durchgeführt werden. Das Malen von Phantasiebildern erleichtert Kindern mit Sprechhemmungen den Einstieg ins Fabulieren. Sehr beliebt sind Hutspiele im Sitzkreis unter dem Motto: „Erfinden unglaublicher Erlebnisse/Personen/Tiere", Küren eines „Lügengeschichten-Königs" u.Ä.

Spielvorschläge: „Fang den Hut", „Möhrenjagd" (Ravensburger), Faltarbeit „Himmel-Hölle", Felder-Hüpfspiel „Himmel-Hölle", Hüpfspiele mit Gruppen- und Einzelspringseil.
Malen/Gestalten: Hinterglas-Bild mit Alufolie/Goldfolienelementen, „Traumstadt" aus 1001 Nacht (Klassenfresko aus Metallfolienteilen).
Zusatzmaterial für die Binnendifferenzierung bietet die Geschichte „Alles über Hühner" (Nachschlageaufträge, Referate, Bildmaterialsammlungen).
Die Buchstabenschablone kann mit Holzspänen oder groben Haferflocken bestreut werden.
Buchvorschlag: E. Müller, Träumen auf der Mondschaukel, Kösel Verlag, Kempten

Dinge im Tastsack

Haarband	Handy	Herz
Haferflocken	Hantel	Holzstück
Hai	Hase	Honig
Haken	Haselnuss	Hose
Hampelmann	Haus	Hufeisen
Handschuhe	Heft	Hund
Handtasche	Hemd	Hut

Das Lied vom Hut

2) Erzählt er die Geschichten, sucht er sich stets ein Kind,
dessen eigner Name auch mit H beginnt.

3) Wer darf den Hut aufsetzen? Bist du so ein Kind,
dessen schöner Name mit `nem **H** beginnt?

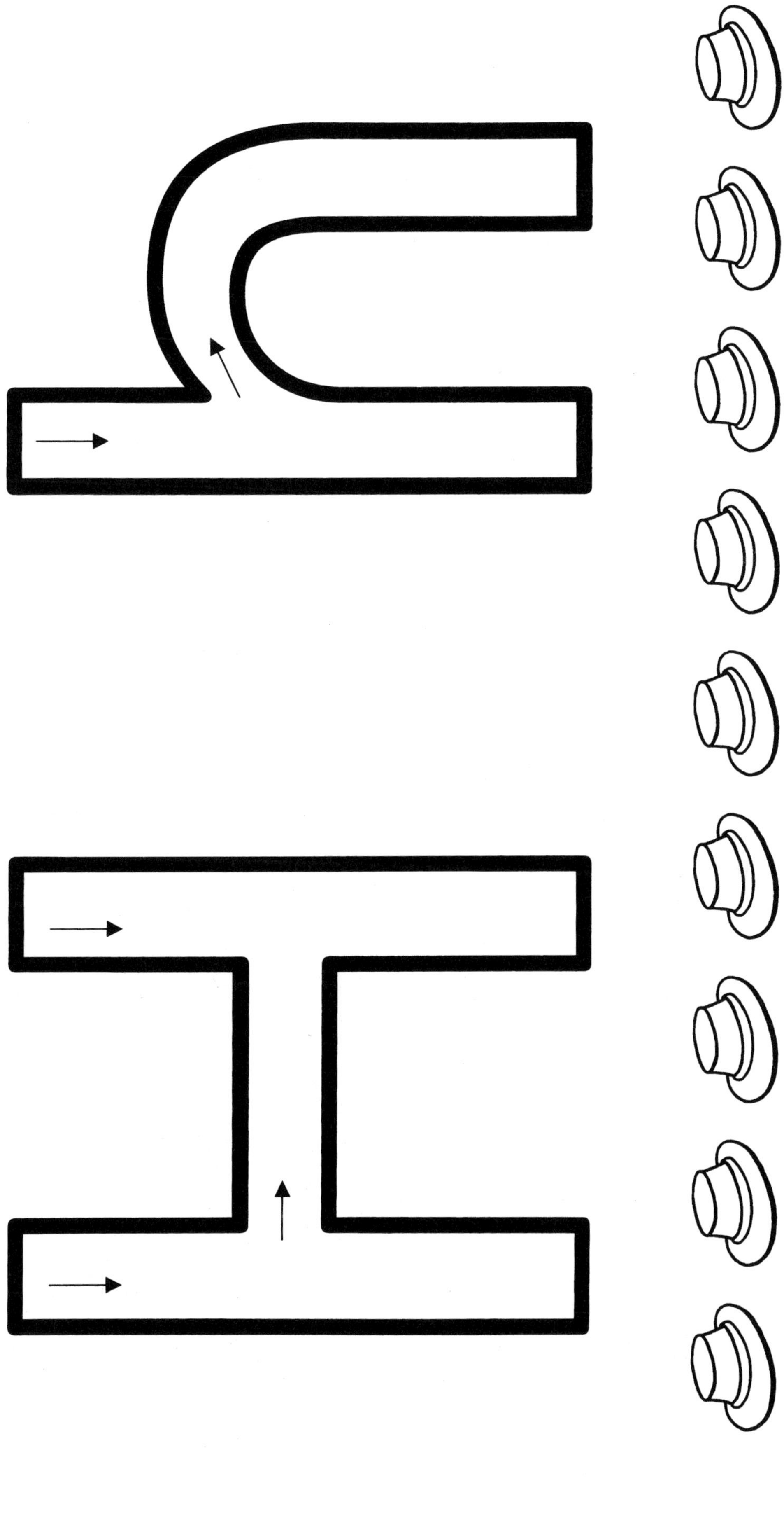

Der Zauberhut

In der  Schule ist Flohmarkt.

Tobias kauft einen  Hasen, einen  Hund und

einen alten  Hut.

Er zeigt ihn seinem Freund Hassan.

Hassan setzt den  Hut auf.

Plötzlich spricht der  Hut und erzählt seine

Geschichten.

Zuerst war er bei einem feinen  Herrn.

Dann lebte er mit dem  Clown im  Zirkus

und machte Kunststücke.

Der  Wind trug ihn weit weg nach  Afrika.

Dort beschützte er Hanna vor der heißen  Sonne,

als sie auf einem  Kamel durch die Wüste ritt.

Dann setzt Heike den  Hut auf.

Welche Geschichten erzählt der  Hut jetzt?

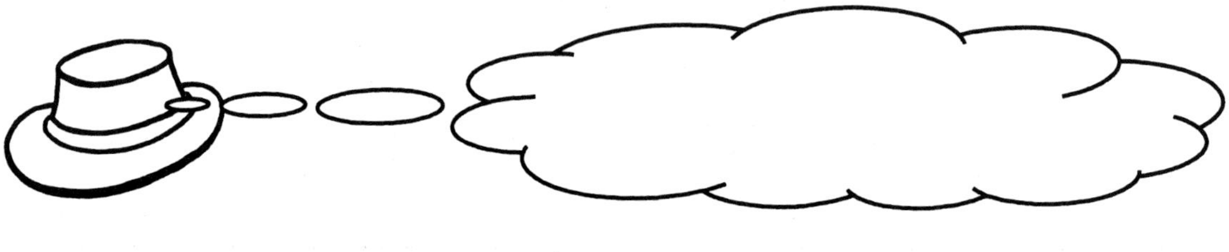

1.) H vervollständigen, nachfahren
2.) richtige h mit Farbe nachfahren, Anzahl eintragen
3.) Wörter sprechen, Begriffe zuordnen: mit H / h – ohne H / h, schreiben

1)

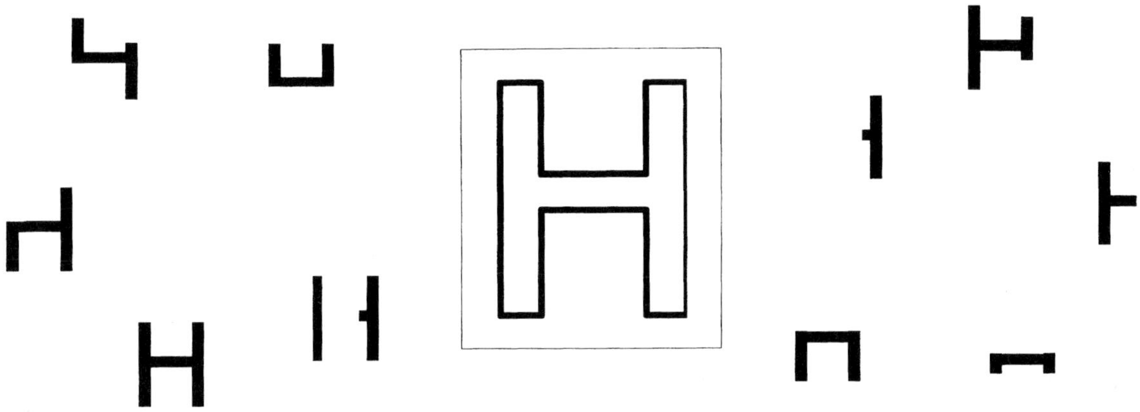

2)

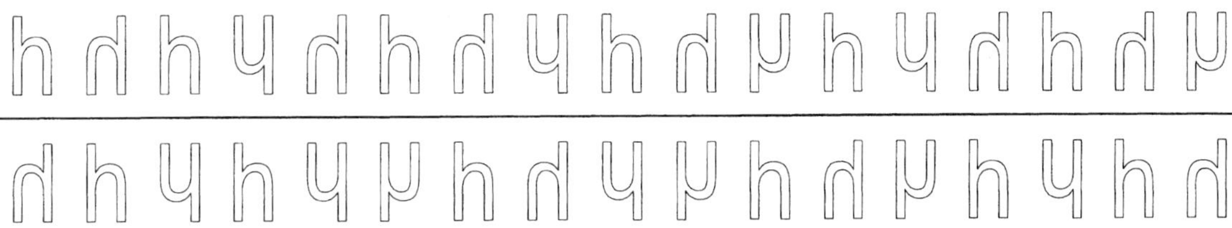

Wie viele h ?

=

3)

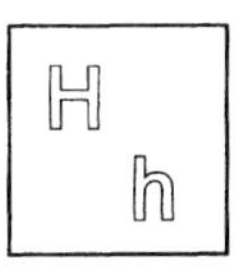

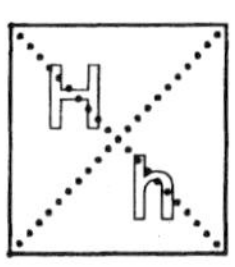

1.) Satzbausteine farbig verbinden, Sätze aufschreiben
2.) Muster fortsetzen

1)

	Himbeere		rot.
Der	Hemd		satt.
	Haar		blond.
Die	Hamster	ist	rosa.
	Hose		hart.
Das	Haselnuss		bunt.
	Hund		nett.

2)

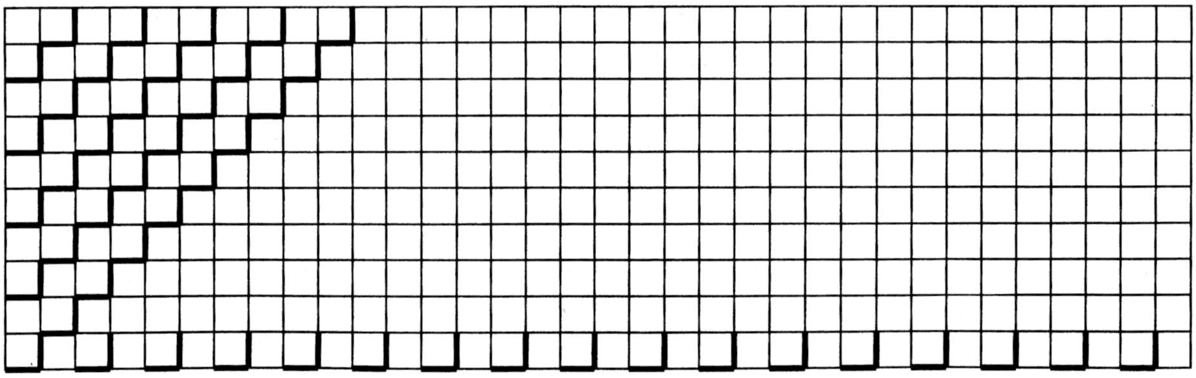

1.) Wörter eintragen, **H** mit hellem Buntstift ausmalen
2.) Wörter lesen, mit Artikel schreiben, üben

1)

2)

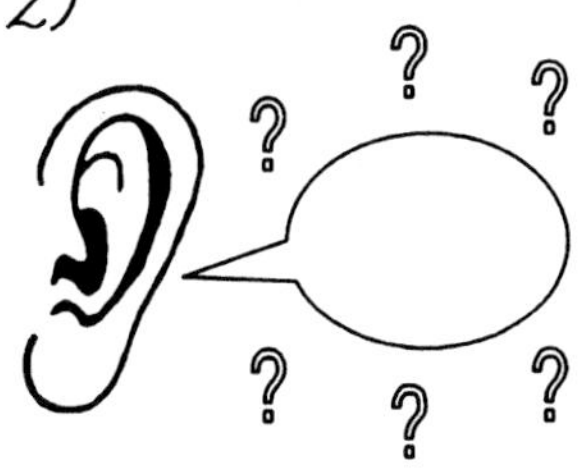

Diese h hörst du nicht!

Hahn	Reh	Ohr	Sohle	Rahm
Sohn	Bohne	Sahne	Ruhm	nah
Bohrer	Bahn	Draht	Huhn	roh

der Hahn

1.) falsches Bild in jeder Zeile suchen
und durchstreichen

1)

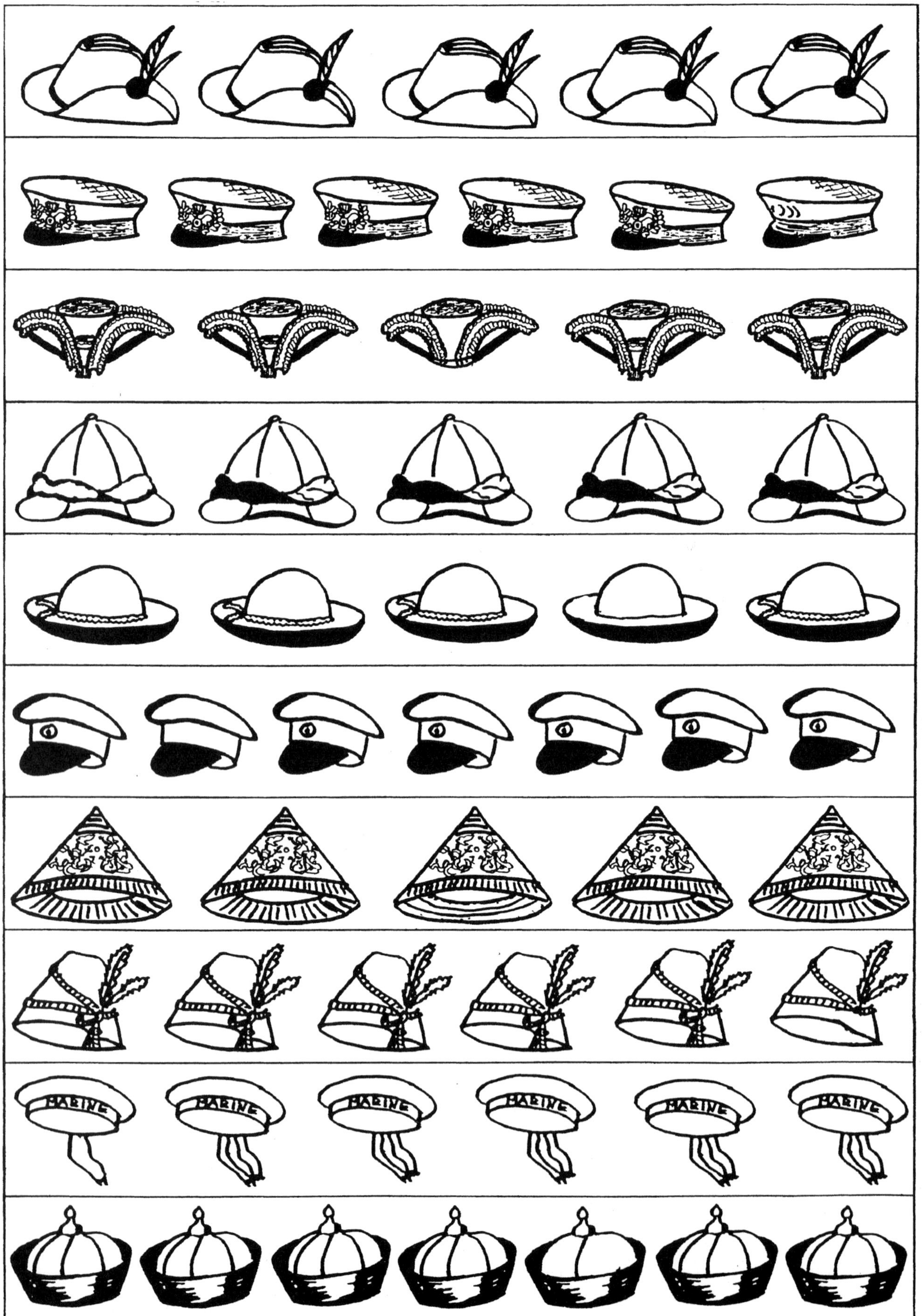

1.) Wörter ausschneiden, passende zusammenfügen, aufkleben
2.) Wörter aufschreiben

1)

2)

1.) zusammengesetzte Wörter bilden, ins Heft schreiben
2.) lesen, zuordnen

1)

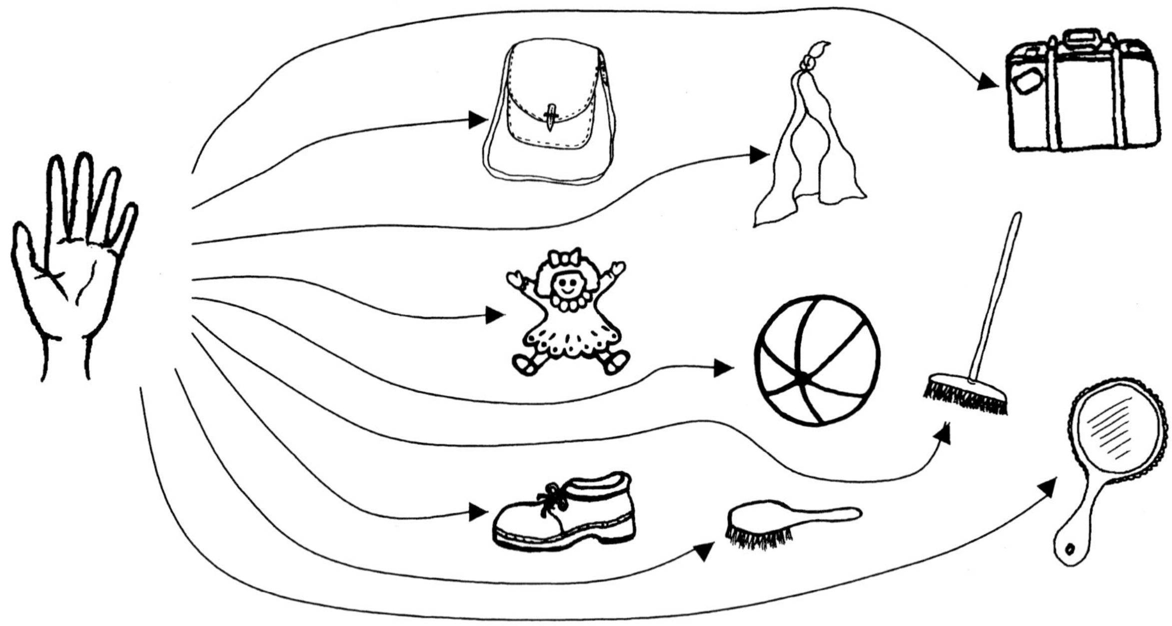

Was ist das? Beschreibe!

2)

kleiner Finger	Mittelfinger	Daumen	Ringfinger	Zeigefinger

Zehn kleine Zappelfinger

10 kleine Zappelfinger
zappeln hoch und runter.
10 kleine Zappelfinger,
die sind immer munter.

10 kleine Zappelfinger
zappeln auf und ab.
10 kleine Zappelfinger
machen niemals schlapp.

10 kleine Zappelfinger
haken sich fest ein.
10 kleine Zappelfinger
fangen an zu schrein.

10 kleine Zappelfinger
sagen sich „Hallo".
10 kleine Zappelfinger
sind jetzt wieder froh.

10 kleine Zappelfinger
wandern schnell nach hinten.
10 kleine Zappelfinger
kannst du nicht mehr finden.

10 kleine Zappelfinger
schleichen sich heran.
10 kleine Zappelfinger
fangen von vorne an.

Male hier deine linke Hand:

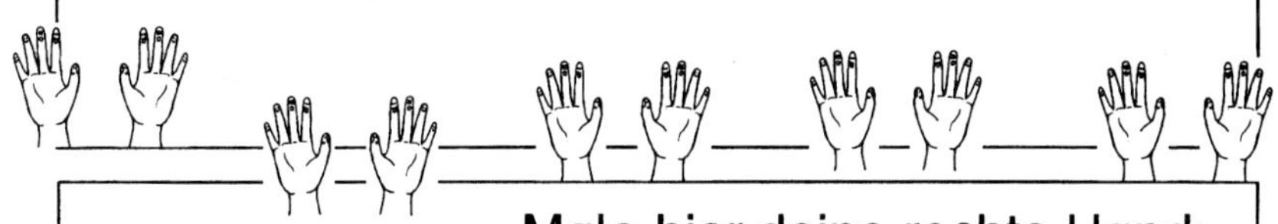

Male hier deine rechte Hand:

Meine Geschichte:

Alles über Hühner

Hast du schon einmal gehört, wie ein Hahn kräht? – Genau, er ruft: „Kikeriki, kikeriki ...!" Und so schreit er jeden Morgen schon um vier Uhr ganz laut. Hühner sind also – wie alle Vögel – Frühaufsteher.

Die Vorfahren unserer Hühner stammen aus dem fernen Land Indien. Sie lebten dort als wilde Tiere. Vor ihren vielen Feinden im Urwald suchten sie Schutz auf den Bäumen. Diese Gewohnheit haben die Hühner beibehalten. Sie fliegen oder klettern bei Einbruch der Dunkelheit auf die Hühnerstangen in ihrem Stall und schlafen dort.

Genau wie ihre Vorfahren lieben unsere Hühner die Wärme. Im Wasser zu baden ist für sie unvorstellbar. Sie reinigen ihre Federn mit Sand. Dafür wirbeln sie mit ihren Flügeln und Füßen den Staub vom Boden auf. Gleichzeitig vertreiben sie so das Ungeziefer aus ihrem Federkleid.

Hühner fressen hauptsächlich Getreidekörner, Gras, Käfer und kleine Steine. Ja, du hast richtig gelesen: Steine. Diese sind ganz wichtig für die Hühner, da sie Kalk enthalten. Und für die Bildung von Eierschalen benötigen sie sehr viel Kalk. Ein ganz besonderer und seltener Leckerbissen sind Würmer.

Auch trinken müssen unsere Hühner sehr viel. Wenn du einmal ein rohes Ei öffnest, siehst du, dass es flüssig ist. Ein Ei besteht zu zwei Dritteln aus Wasser.

Den Hahn erkennt man leicht, denn er unterscheidet sich sehr stark von den Hennen. Er ist größer als diese und hat ein farbenprächtiges Federkleid. Seine Schwanzfedern sind ganz lang und gebogen. Unterhalb des Schnabels trägt er einen fleischigen, roten „Bart" und auf dem Kopf einen roten „Kamm", der wie eine kleine Krone aussieht. Wenn du dich auf einem Hühnerhof umschaust, siehst du viele Hennen, aber nur einen einzigen Hahn.

Der Hahn ist der Anführer und der Beschützer der Hennen. Er verteidigt sie gegen jeden anderen Hahn. Hast du eigentlich schon einmal von Kampfhähnen gehört?

Küken sind kleine Hühnerkinder. Sie schlüpfen aus den ausgebrüteten Eiern und haben ein ganz flaumiges, gelbes Federkleid. Die Henne muss mindestens 20 Tage auf ihren Eiern sitzen, bis sie ausgebrütet sind. Zwischendurch wendet sie ihre Eier, damit sie rundum gleichmäßig warm bleiben. Bis die Küken geschlüpft sind, verlässt sie die Brutstelle immer nur für kurze Zeit zum Fressen.

In der heutigen Zeit werden die Eier auf riesigen Hühnerfarmen von elektrisch beheizten Brutapparaten ausgebrütet.

Sofort nach dem Schlüpfen laufen die Küken umher und picken Futter auf. Die Henne (oder jetzt auch Glucke genannt) passt immer gut auf ihre Kinder auf, damit sie ja nichts Falsches fressen oder davonlaufen.

Nach ungefähr sechs Monaten sind die Küken erwachsen. Ihr Federkleid hat sich verändert. Die jungen Hühner sind von den richtig ausgewachsenen kaum zu unterscheiden.

Die Junghennen legen ihre ersten Eier und der junge Hahn versucht das „Kikeriki" seines Vaters nachzuahmen.

Rate einmal, wie viele Eier eine gute Legehenne im Jahr legt?

Es sind bis zu 300 Eier! Also liegt fast jeden Tag ein Ei im Nest.

Bastelvorschlag
Kopiervorlage zum Vergrößern für ein Hühnermobile

Falthut

Benötigtes Material:

1 rechteckiges Blatt Papier (mind. DIN A3)
Wasserfarben
Buntpapier, Krepppapier, Bänder oder Federn
Schere
Klebstoff

Arbeitanweisung:

1. Falte das Blatt wie auf den Zeichnungen angegeben.
2. Klebe die Ecken des Hutrandes fest.
3. Bemale den Hut mit Wasserfarben und verziere ihn mit Buntpapier, Federn, Bändern usw.

1.

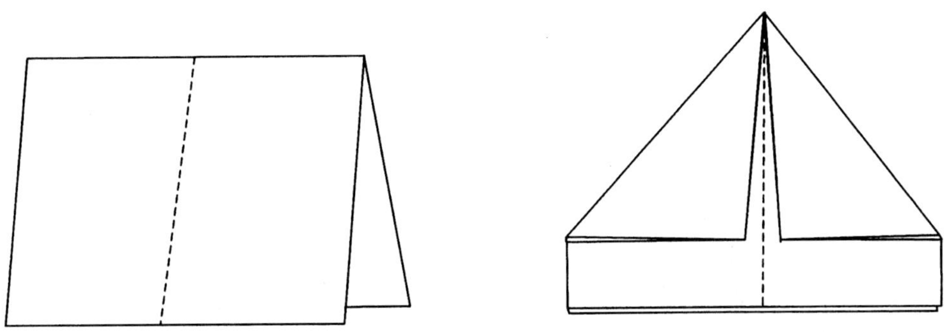

2.

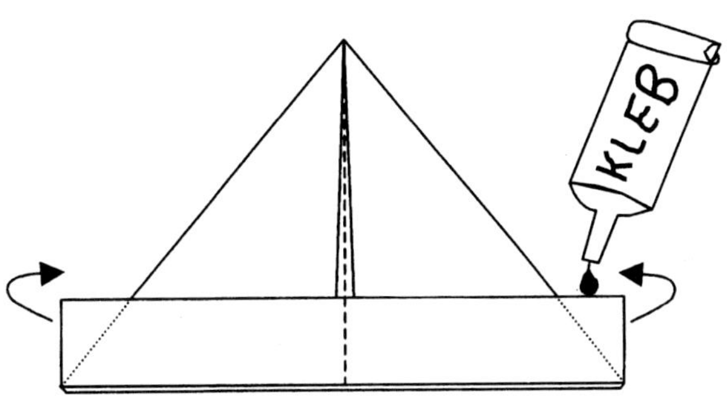

3.

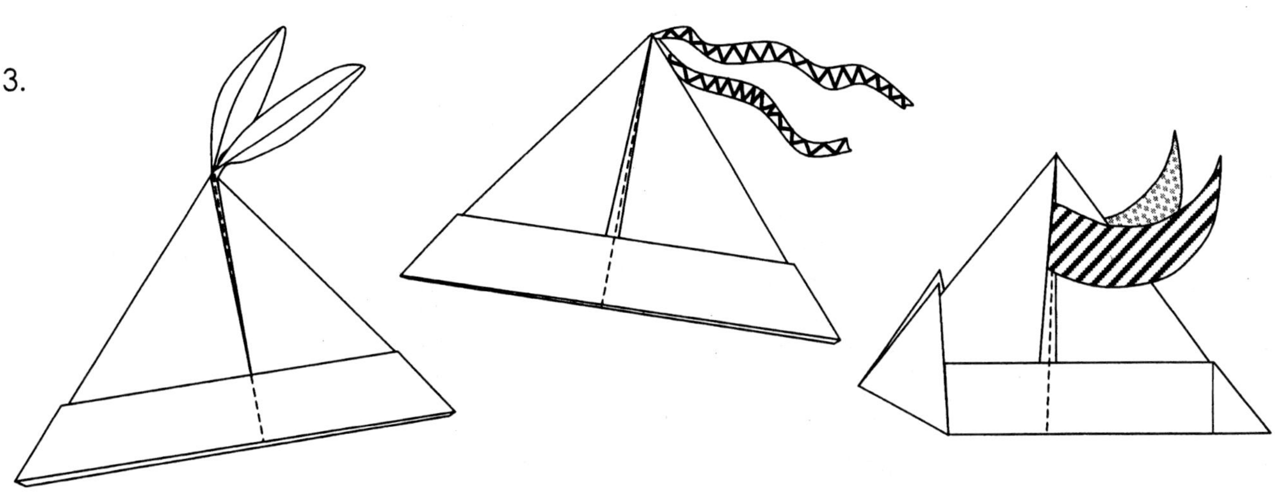

F

Wie das E wird der Buchstabe F von Schülerinnen und Schülern oft schnell und deshalb ungenau geschrieben (Ansatz und Länge der Querstriche); des Weiteren wird der Kleinbuchstabe f (Druckschrift) in der Anfangsphase oft mit dem t verwechselt. Schreibübungen können dekorativ in Szene gesetzt werden, wenn sie z.B. auf farbigem Papier in Form eines Fischumrisses ausgeführt werden.
Da f den stimmlosen Lauten zuzuordnen ist, haben manche Kinder bei der akustischen Diskriminierung des Lautes Schwierigkeiten. In der Anfangsphase ist das Erfühlen des Luftstroms vor den Lippen hilfreich.
Auf unserer Anlauttabelle wird für das Phonem f nur die Graphementsprechung F / f angeboten; deshalb dürfen orthografische Verwechslungen von F / f und V / v in Schülerschreibungen vorerst keine Beachtung finden. Es ist jedoch darauf zu achten, dass die von der Lehrkraft angebotenen Texte eine korrekte Schreibweise berücksichtigen und die Schülerinnen und Schüler von Fall zu Fall auf die identische Lautbildung hingewiesen werden.
Trotzdem empfehlen wir Wörter mit V / v in den ersten Übungsmaterialien zu vermeiden.
Da neben V / v einige weitere Buchstaben des Alphabets (C / c, Q / q, X / x, Y / y) nicht in unserer Anlauttabelle enthalten sind, sollte im Klassenzimmer ergänzend eine herkömmliche Alphabet-Liste sichtbar angebracht werden.

Spielvorschläge: einfaches Angelspiel mit Magnet und Büroklammern, „Frosch-Hüpfen" (Ravensburger), Fingerspiele mit Fingerpuppen aus Filz, Fingerreime usw.
Bastelvorschläge: Kugelfisch (aus Luftballons, die mit Seidenpapier und Kleister beklebt werden), Filzfrosch mit Reisfüllung, Fische mit Metallschuppen, Prägebilder auf Metallfolie (Bemalung mit Lackstiften), Flechtarbeiten aus Papierstreifen oder Wolle (Freundschaftsbänder), Aquarium mit schwebenden Folienfischen (dünne Styroporplatten in Fischform mit Folie beklebt schweben im Wasser an Fäden mit Steinankern) usw.
Die Buchstabenschablone kann mit Federn oder Fellresten beklebt werden.
Buchvorschlag: M. Pfister, Der Regenbogenfisch, Nord-Süd-Verlag, Gossau 2001

Dinge im Tastsack

Fackel	Fernglas	Fliese
Faden	Feuerzeug	Flöte
Fahne	Fieberthermometer	Flugzeug
Fahrrad	Film	Föhn
Fass	Filtertüte	Fotoapparat
Feder	Fingerhut	Frosch
Feile	Fisch	Füller
Fenster	Flasche	Futterring

1.) Gedicht
2.) Male Fritz und Fred im See!

1)

Fritz, der Fisch, schwimmt schnell davon,
als er ein Fröschlein sieht.
Doch bald merkt er: Es ist Fred,
mit dem er gern zum Baden geht.

Um die Wette wolln sie schwimmen
Wer von ihnen wird gewinnen?

Plitsch und platsch – ins kühle Nass,
Wasserspiele machen Spaß!

Jedem Kind ist sonnenklar:
Ferien, die sind wunderbar!

2)

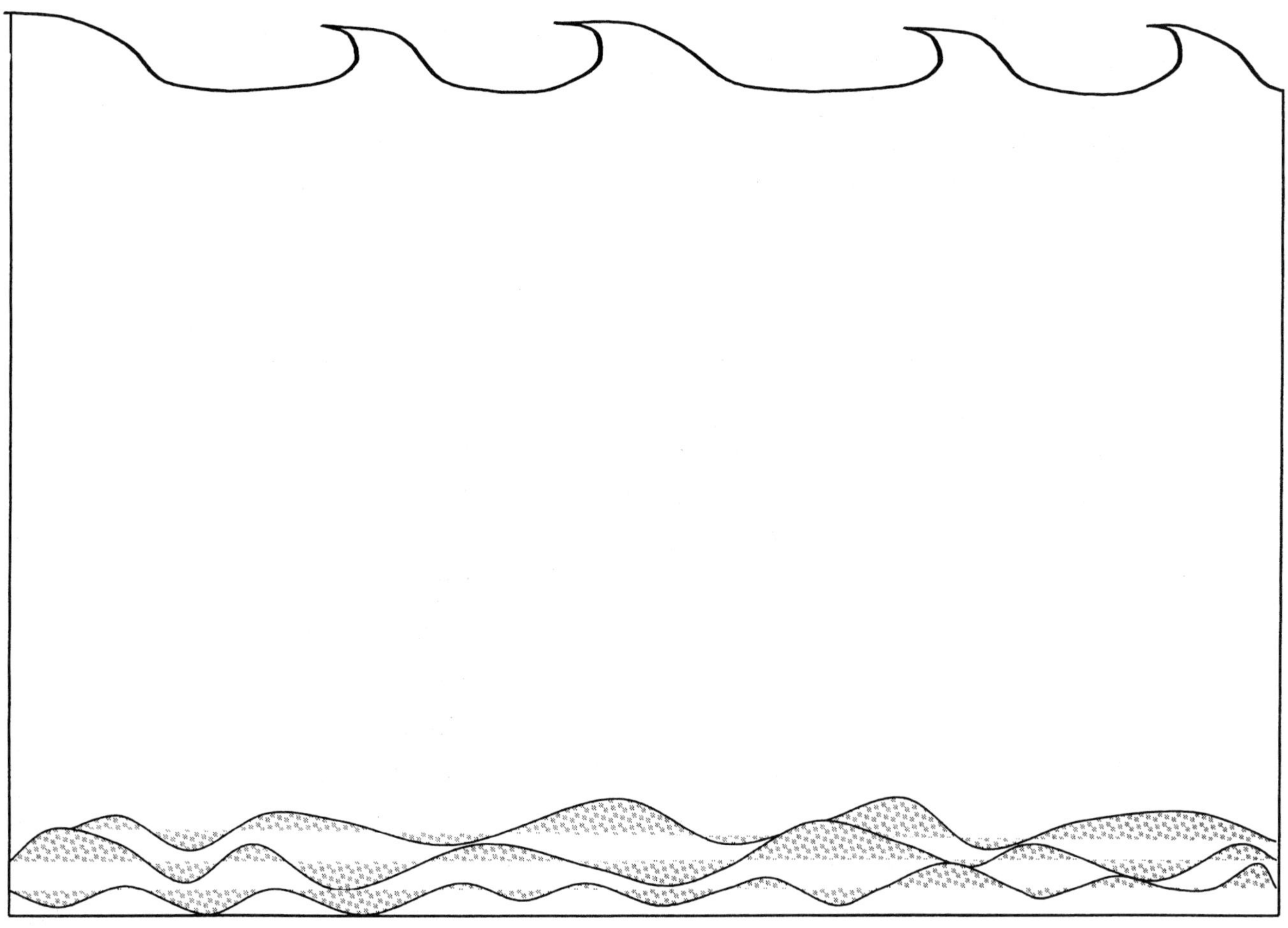

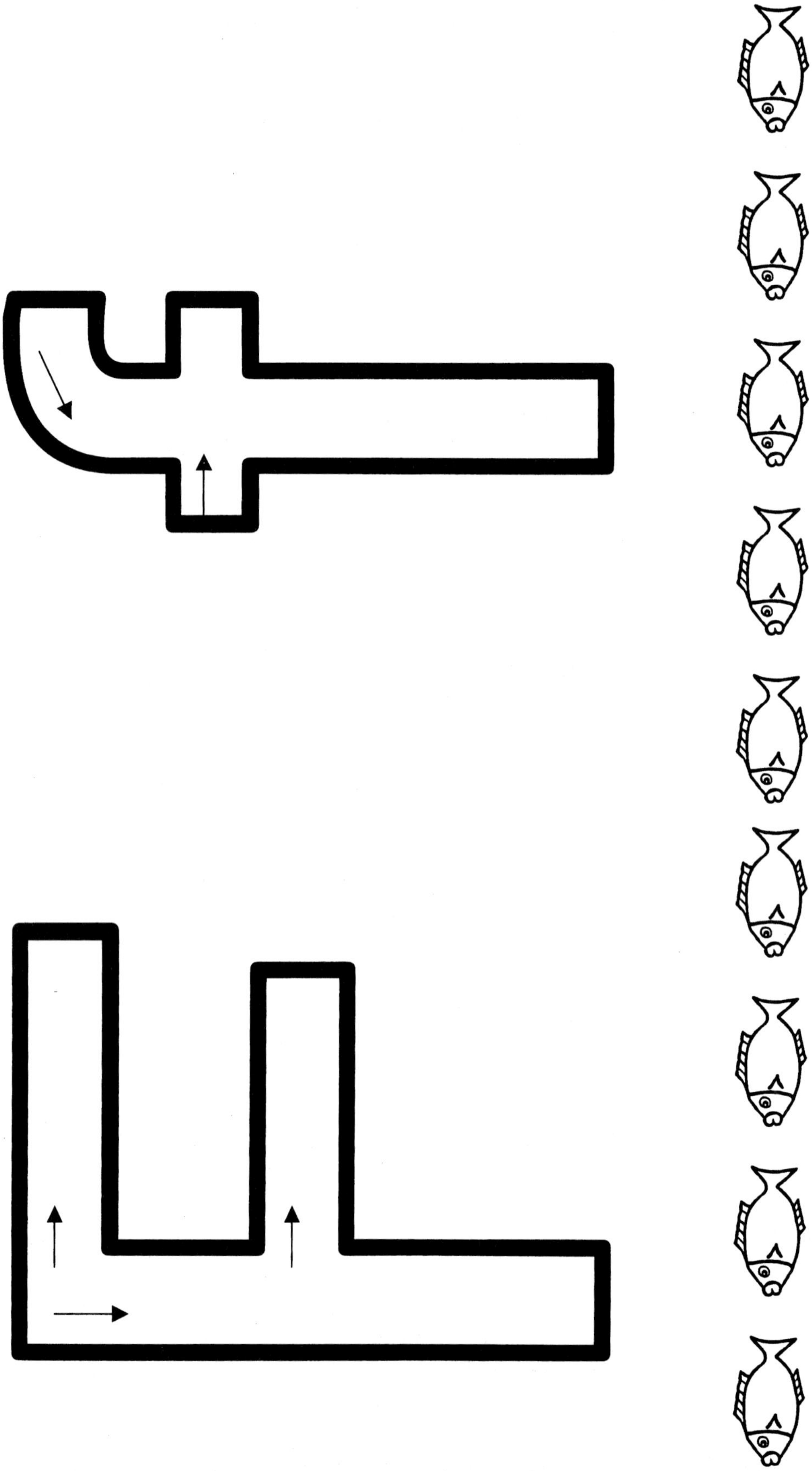

 Fisch-Sommerferien

Fritz lebt in einem großen  Zoo.

Dort hat er ein  Aquarium ganz für sich allein.

In den Schulferien lernt er  Firat kennen.

Fritz möchte mit  Firat in die Türkei reisen.

 Firat packt den  Fisch in eine  Plastiktüte mit Wasser und nimmt ihn heimlich mit ins  Flugzeug. Keiner merkt etwas.

Fritz verbringt zwei schöne Ferienwochen in einem 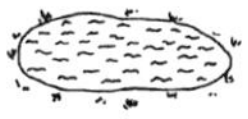 See in der Türkei.

Dort lernt er Fred den  Frosch kennen.

Am liebsten würde er ihn mitnehmen. Aber das geht leider nicht. Da macht  Firat einen Vorschlag ...

Fritz und Fred bleiben für immer Freunde.

1.) **f** -Laute hören, zuordnen, Anzahl eintragen
2.) 10 Unterschiede finden

1)

Anfang	Wo hörst du das f ?	Ende

Nr. 11

Mitte

Anfang: ☐ Mitte: ☐ Ende: ☐

2)

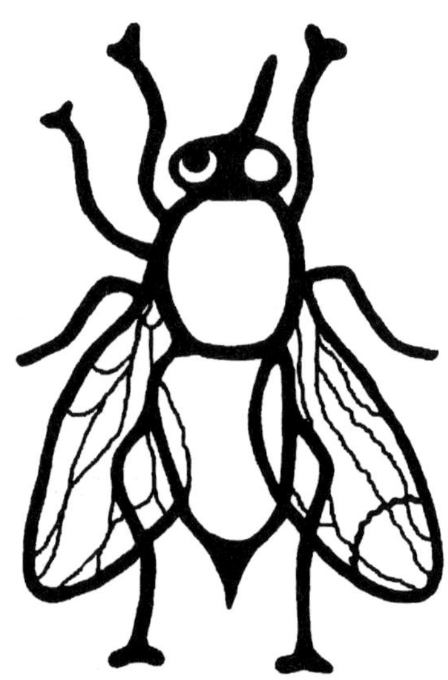

1.) Wörter in Spiegelschrift lesen, schreiben
2.) Zungenbrecher

1)

Film

Ufo

Foto

Soda

Feder

Tafel

Farbe

Heft

Fenster

Affe

Falle

Telefon

Fluss

rufen

finden

fallen

helfen

hoffen

2) Fred Frosch trifft Fritz Fisch – Fisch Fritz trifft Frosch Fred

1.) **f** -Laute hören, genaue Stelle im Wort markieren
2.) Wort lesen, nachfahren, Wort mit Bild verbinden

1)

2)

Fisch
Farbe
Film
Fass
Foto
Feder
Frosch
Fibel
Fahne

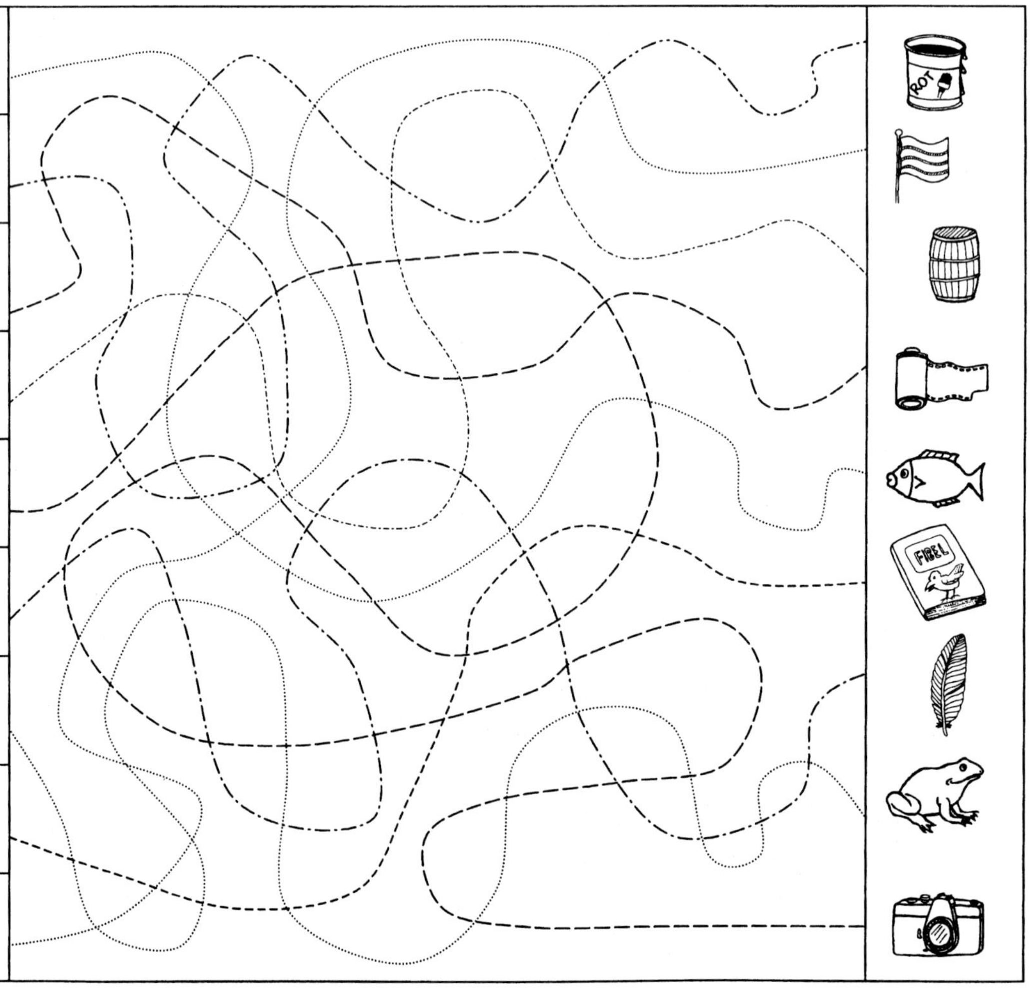

1.) lesen, 20 **F / f** -Wörter suchen, ins Heft schreiben
2.) es gibt jeweils 3 Fahnen mit demselben Muster, 4 einzelne haben sich eingeschlichen

1)

Buchstabenstadt, den ____________

Liebe Kinder der Klasse ___ ,
ich schreibe euch, weil ich sehr traurig bin.
Stellt euch vor, die anderen Buchstaben wollen, dass ich aus der Buchstabenwerkstatt ausziehe.

Das E ist besonders gemein. Es möchte jetzt zwei Zimmer im Buchstabenhaus haben, weil es in viel mehr Wörtern vorkommt als ich.

Wenn ich bis morgen nicht 20 Wörter mit meinem Buchstaben vorzeigen kann, muss ich mein schönes Zimmer verlassen.

Bitte helft mir!

Euer F / f

2)

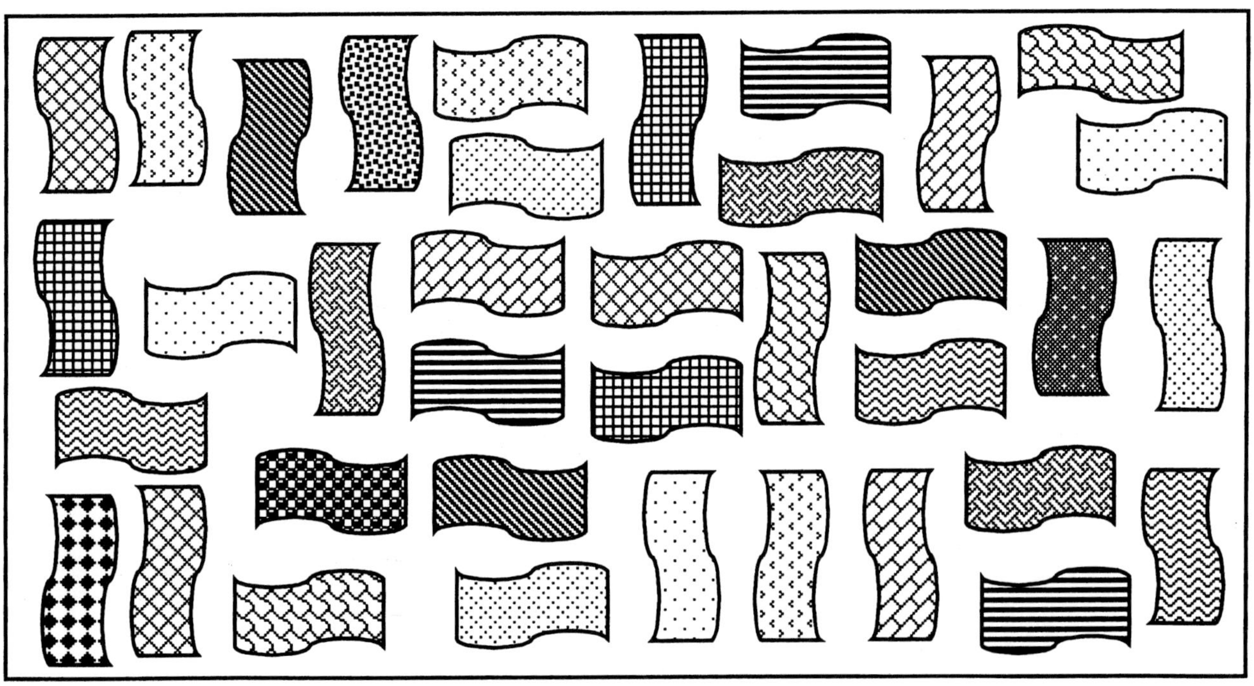

1.) Kreuzworträtsel lösen, Wörter schreiben
2.) Formen erkennen, anmalen

1)

2) Formen und Farben:

Male alle △ rot, □ blau, ○ gelb an.

Plitsch Platsch Wasser macht Spaß

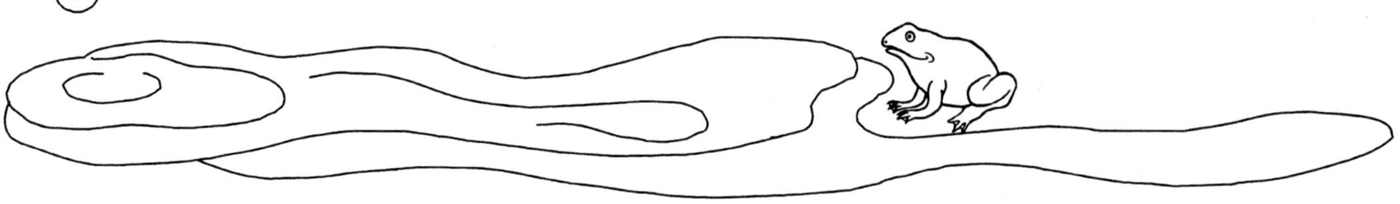

Frosch-Nadelkissen

Benötigtes Material:

Filz oder Stoffrest
Filzstift, Schere
Perlgarn und Sticknadel mit Spitze
Stecknadeln
Watte
evtl. 2 Perlen, Nähnadel und Nähgarn

Arbeitsanweisung:

1. Lege den Stoff doppelt und übertrage die Frosch-Schablone mit dem Filzstift. Hefte die Stofflagen mit Stecknadeln zusammen und schneide entlang der vorgezeichneten Linie.
2. Nun musst du den Frosch mit engen Stichen zusammennähen; beginne unten am Bauch.
3. Wenn du einmal rundherum genäht hast, vergiss nicht am Schluss ein Loch von ca. 3 cm offen zu lassen.
4. Fülle durch dieses Loch Watte in den Bauch des Frosches, bis er ganz prall gefüllt ist. Nähe dann das Loch zu.
5. Zum Schluss kannst du noch zwei Perlen als Augen aufnähen.

Wenn du den Frosch nicht als Nadelkissen verschenken möchtest, kannst du auch von unten einen dünnen Stock in den Frosch schieben und ihn als Dekoration in einen Blumenstrauß oder Blumentopf stecken.

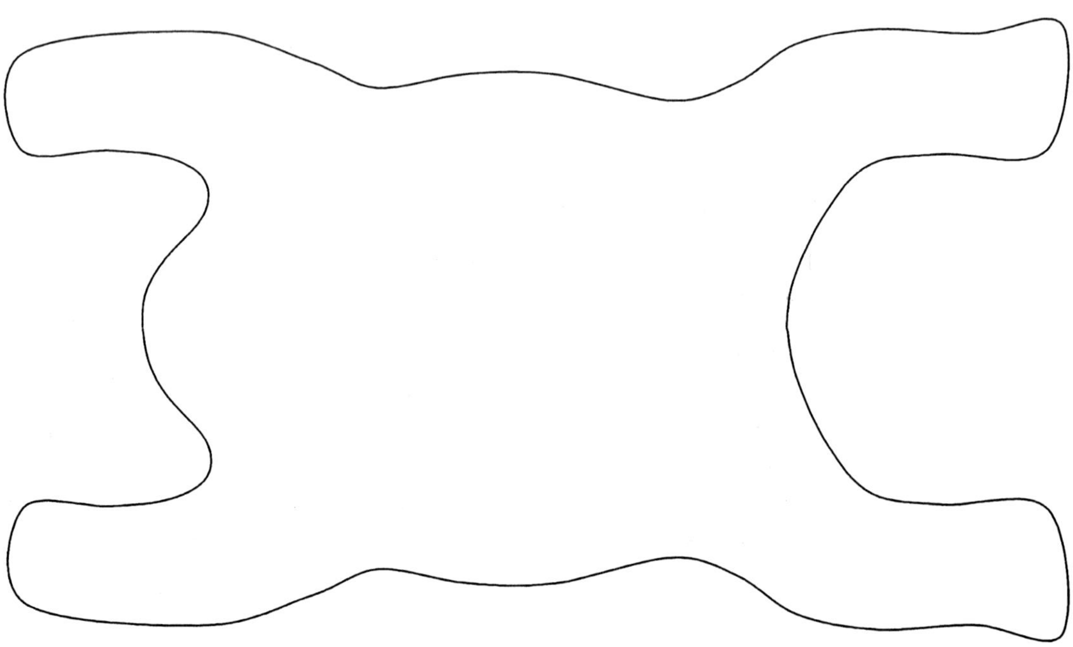

Festtagstorte aus Toilettenpapier

Benötigtes Material:

11 Rollen weißes Toilettenpapier
10 Haushaltskerzen (farbig)
3,5 m Satinband (Breite 3–4cm)
Klebstoff, Alufolie
Karton als Unterlage

Arbeitsanweisung:

1. Beziehe einen Unterlagenkarton mit Alufolie.
2. Klebe 7 Rollen als Kreis mit Füllung auf den Karton.
3. Dann klebst du die zweite Etage mit 3 Rollen auf.
4. Die 11. Rolle setzt du oben drauf (3. Etage).
5. Umwickle jede Etage mit einem schönen, breiten Band und binde die Enden zu einer Schleife.
6. Stelle in jede Papierrolle eine Kerze.

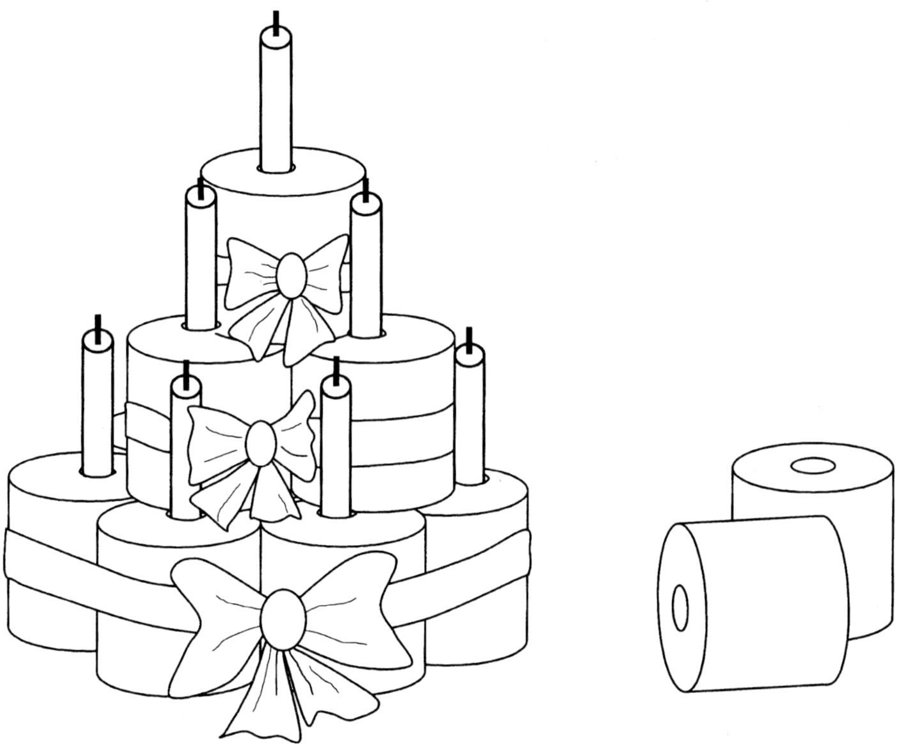

Fruchtspieße im Schokoladenmantel

Zutaten:

Obst (z.B. Äpfel, Birnen, Bananen, Trauben, Ananas)
Schokoladen-Kuvertüre
Schaschlik-Spieße

Zubereitung:

1. Schäle die Früchte und schneide sie in mundgerechte Stücke.
2. Reihe die Obstteile abwechselnd auf einen Schaschlik-Spieß.
3. Erwärme die Schokoladen-Kuvertüre in einer Pfanne und rühre, bis sie geschmolzen ist.
4. Wende den Fruchtspieß in der weichen Schokoladenmasse und lege ihn zum Abkühlen auf Backpapier.

Firats Lieblingskuchen

(Ein schnelles Rezept, das immer gelingt!)

Zutaten:

500 g Mehl
200 g Zucker
250 g weiche Margarine
4 Eier
¼ l Milch
1 Päckchen Vanillinzucker
1 Päckchen Backpulver

Zubereitung:

1. Gib alle Zutaten in eine Schüssel und rühre sie mit dem Mixer zu einem glatten Teig.
2. Heize den Backofen auf 175°C vor (Heißluft 160°C).
3. Streiche eine Kuchenform mit Fett aus und bestreue sie mit Semmelbröseln.
4. Fülle den Teig in die Form.
5. Backe den Kuchen ca. 50 Minuten auf der mittleren Schiene des Backofens. Wenn du einen Holzspieß in den Kuchen steckst, darf kein Teig mehr daran kleben bleiben. So erkennst du, ob der Kuchen fertig gebacken ist.

Du kannst den Kuchen glasieren, als Marmorkuchen backen, mit Nüssen, Gummibären oder Schokostreuseln garnieren.

Glasur:
200 g Puderzucker mit 3–4 EL Orangensaft oder Zitronensaft verrühren und den Kuchen damit bestreichen.

Marmorkuchen:
Die Hälfte des Teiges mit 3 EL Kakao, 1 EL Zucker und 2 EL Wasser dunkel färben und abwechselnd mit dem hellen Teig in die Form füllen.

W

Die akustische Nähe und die Ähnlichkeit der Lautanbildung von w und f wird oft nicht beachtet (z. B. „Löwe", „Möwe", lautorientiert oft geschrieben als „Löfe" usw.). Häufige Hörübungen befähigen die Schülerinnen und Schüler innerhalb kurzer Zeit die Laute sicher zu unterscheiden.
Auf den Arbeitsblättern kommen gehäuft Wörter mit Doppelbuchstaben vor (Wolle, Tanne, Willi usw.). Die Erarbeitung der Regel *„Nach kurzem, betontem Vokal wird der Konsonant verdoppelt."* kann in dieser Einheit erfolgen. Begleitendes Silbenklatschen dient der Vorbereitung einer orthografisch richtigen Worttrennung.
Mit dem angebotenen Kurztext/Unsinnstext kann die Lehrkraft schnell feststellen, in welchem Umfang sinnerfassendes Lesen bei den Kindern stattfindet.
Zum Thema „Wale" gibt es ein breitgefächertes Angebot verschiedenster Materialien.
Im Vorfeld des Schreibthemas können soziale Kompetenzen, Klassenregeln und allgemeine Voraussetzungen für ein reibungsloses Zusammenleben erarbeitet, von den Schülerinnen und Schülern selbst formuliert und aufgeschrieben sowie als Klassenplakat gestaltet werden.

Bastel- und Gestaltungsvorschläge: Nagel-Faden-Spannbild, Wachsbatik-Arbeiten, Fingerhäkeln, Wollkordeln drehen oder mit einer „Strickliese" herstellen, Freundschaftsbänder knüpfen, Wachstropfen-Wasserfarbenbilder
Fächerübergreifendes Thema: „Wasser"
Das Auskleben der Buchstabenschablone mit mehreren Parallelreihen dicker Wollfäden erfordert präzises manuelles Arbeiten.

Dinge im Tastsack

Waage	Wärmflasche	Wiege (Puppenhaus)
Wachs (Kerze)	Warndreieck	Windel
Wachskreide	Wäscheklammer	Windrad
Waffeleisen	Waschlappen	Wolle
Wal	Wasserball	Würfel
Walnuss	Watte	Wurst
Wappen	Wecker	Wurzel

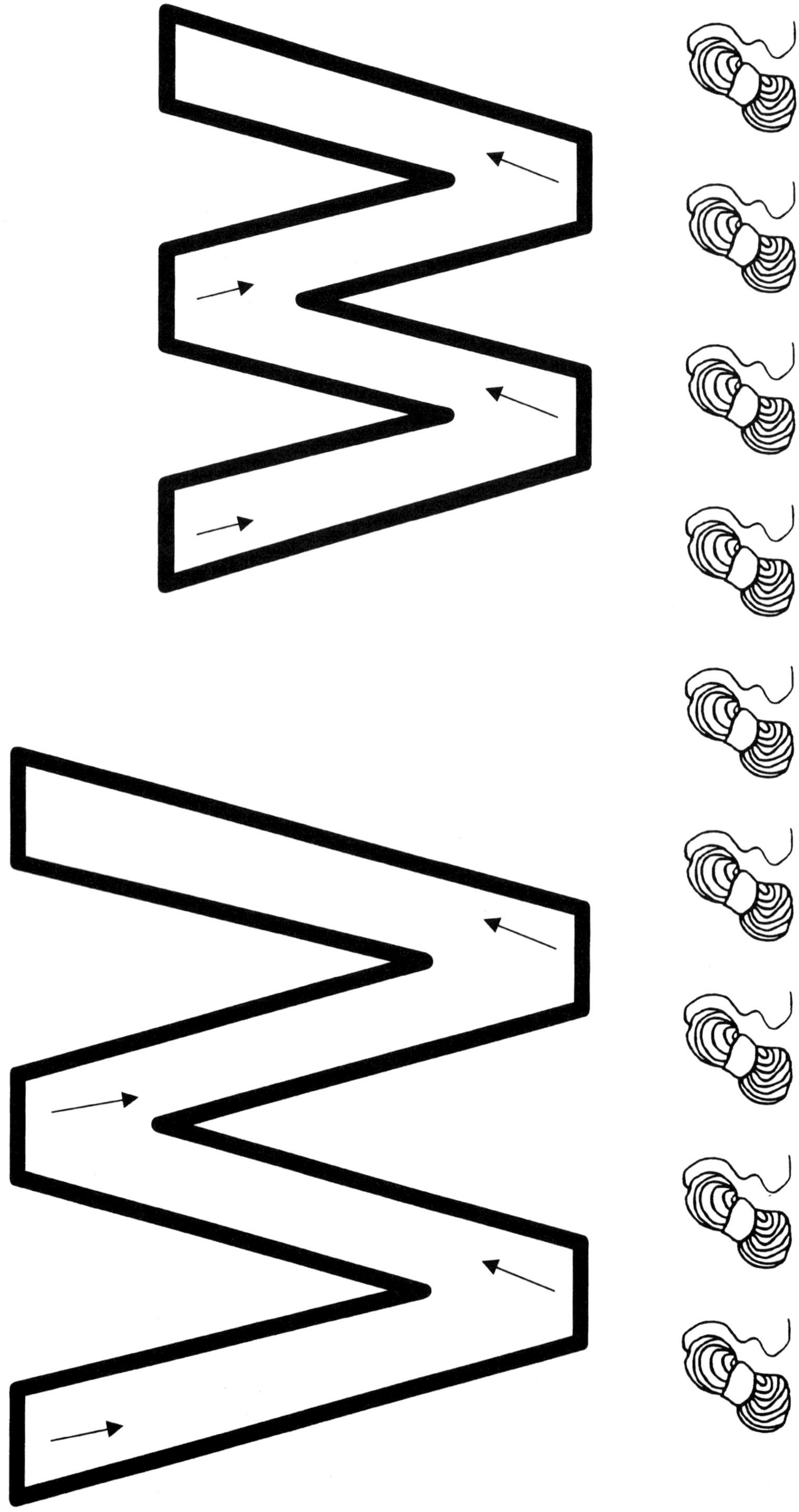

Die Geschichte von Willi  Wolle und Wudi  Wal

Die  Sonne scheint. Es ist heiß.

Willi  Wolle ist im  Zoo.

Seine  Tüte fällt ins  Wasser – dem  Wal direkt auf den Kopf.

 Wal Wudi rettet die  Tüte von Willi  Wolle.

Willi und Wudi werden Freunde.

Zusammen gehen sie zum Picknick am großen Fluss, der ins Meer führt.

Der  Wal will zu den anderen 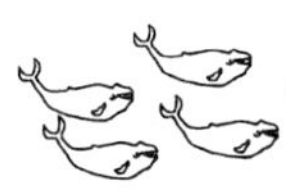 Walen ins Meer.

Willi  Wolle ist wieder allein.

Traurig sitzt er am  Wasser.

Da schwimmt eine  Flasche im Fluss.

In der  Flasche ist ein 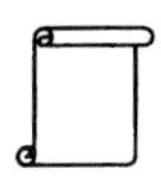 Zettel.

Darauf steht ....

1.) Reimen, dichten, schreiben
2.) Wörter lesen, trennen, mit Artikel ins Heft schreiben
3.) **w** (Anfang / Ende / Mitte) hören, zuordnen;
Bild einzeichnen

1)

Tal	Rolle	Tanne	Delle	Rind
Wal	W			

Turm	Durst	Milli	Reste	Rolf

Rabe	Ratte	Tonne	Rudi	Rand

2)

3)

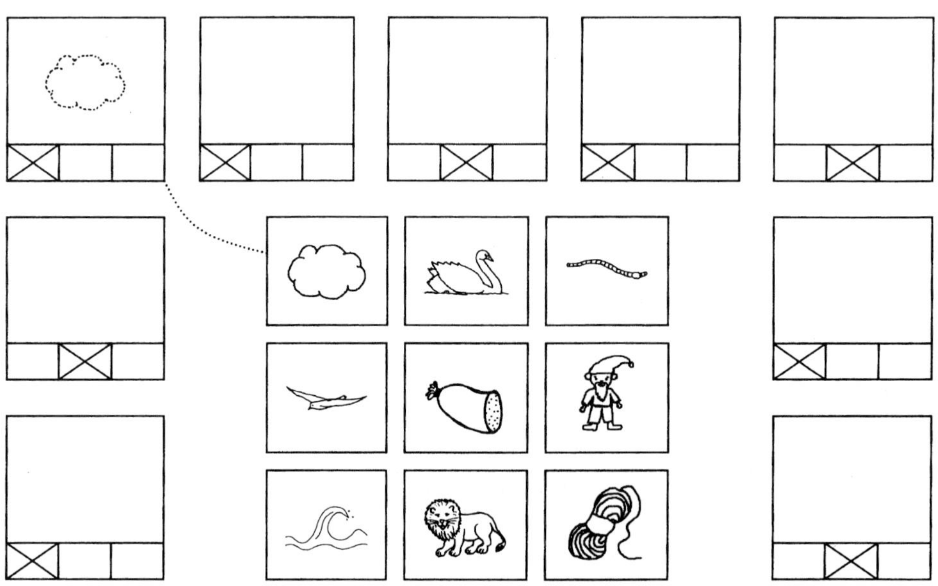

1.) Geheimschrift entziffern
2.) Text schreiben
3.) Spiegelbilder zeichnen

1)

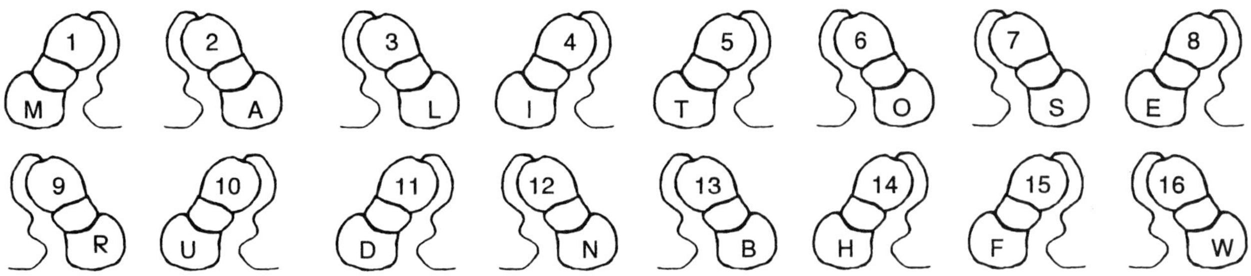

16 10 11 4	16 2 3	4 7 5	4 1	16 2 7 7 8 9 .

16 4 3 3 4	16 6 3 3 8	4 7 5	2 1	10 15 8 9 .

16 10 11 4	14 4 3 15 5	16 4 3 3 4 .

2)

3)

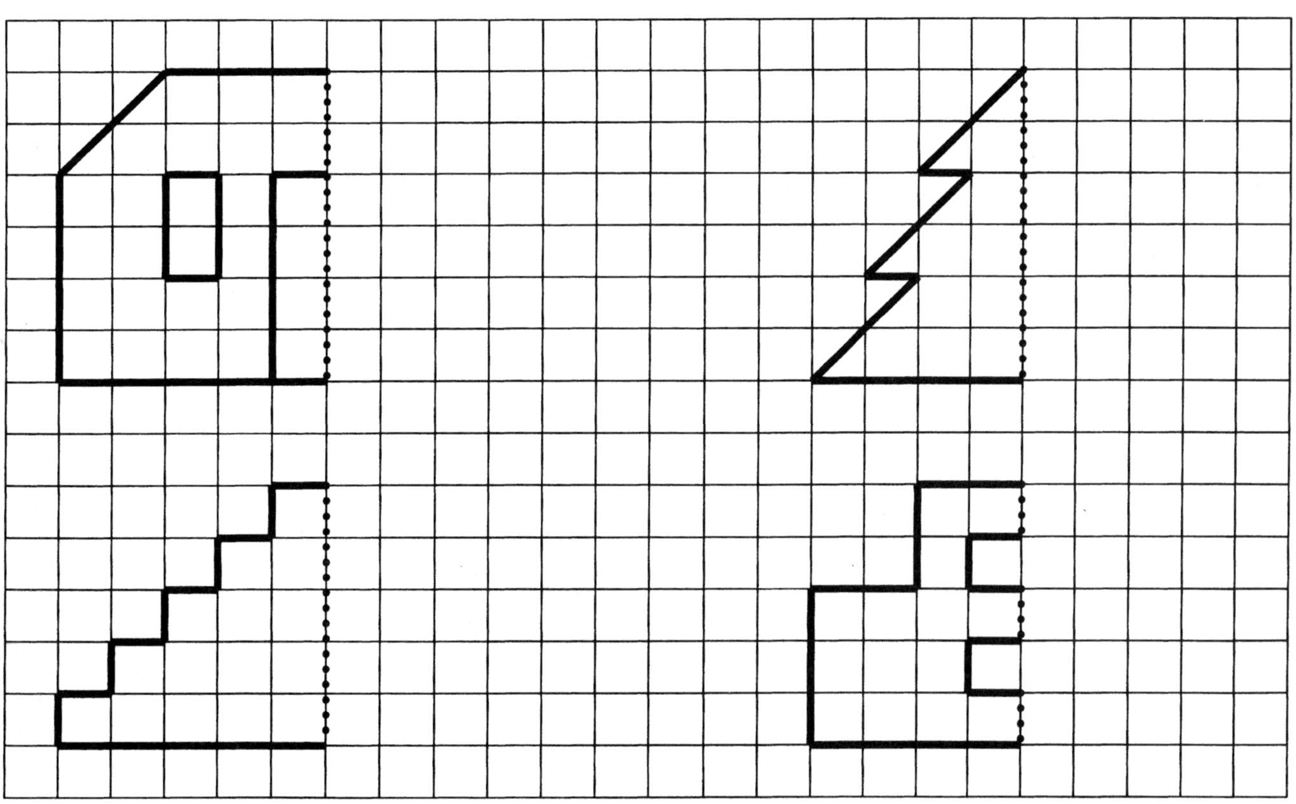

1.) lesen, nachfahren, schreiben (unten)
2.) lesen, Antwort ankreuzen

1)

wer? was? wo? wohin? wann? warum?

2)

Wer ist Wudi?
- ein Wolf
- ein Wal
- ein Wurm

Was ist Willi?
- eine Welle
- Wasser
- Wolle

Wo lebt Wudi?
- im Wald
- im Wasser
- im Winter

Wohin rollt Willi ?
- an die Wand
- in den Wald
- an das Wasser

Wann trifft Willi den Wal?
- im Sommer
- im Winter
- im Herbst

Warum hasst Willi Wasser?
- Er wird alt.
- Er wird nass.
- Er wird bunt.

_ _ _ ?　_ _ _ _ ?　_ _ ?　_ _ _ _ _ ?　_ _ _ _ ?　_ _ _ _ _ ?

1.) Wörter zuordnen, eintragen, mit Artikel ins Heft schreiben
2.) Wörter suchen, markieren, ins Heft schreiben

1)

Welt, Wunder, Wut

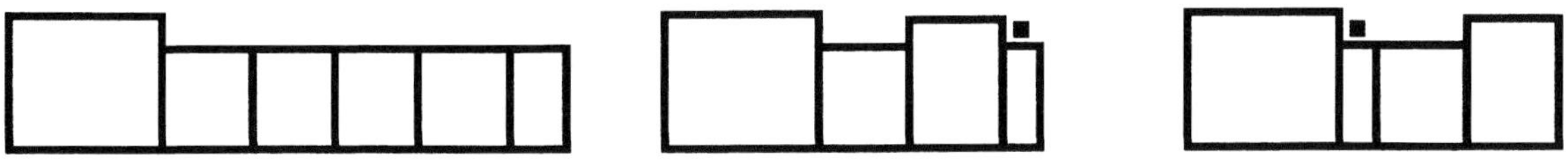

Wudi, Wind, Wasser

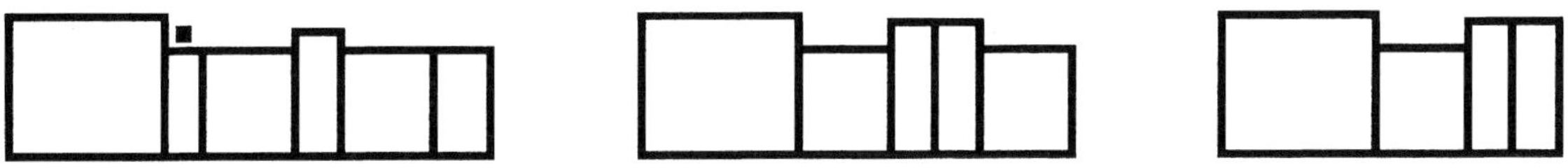

Wolf, Welle, Winter

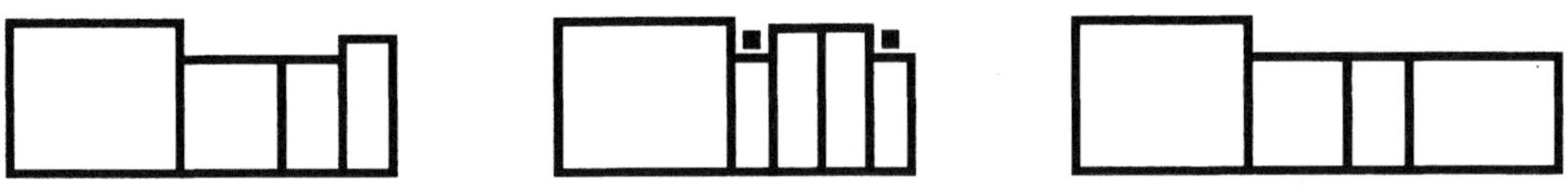

Wort, Wurm, Willi

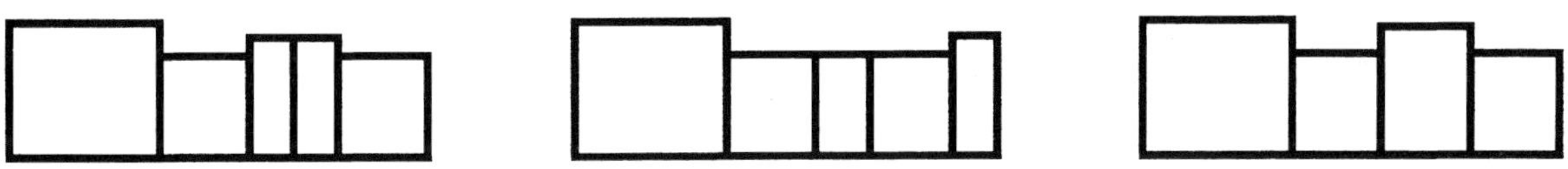

Wabe, Watte, Wurst

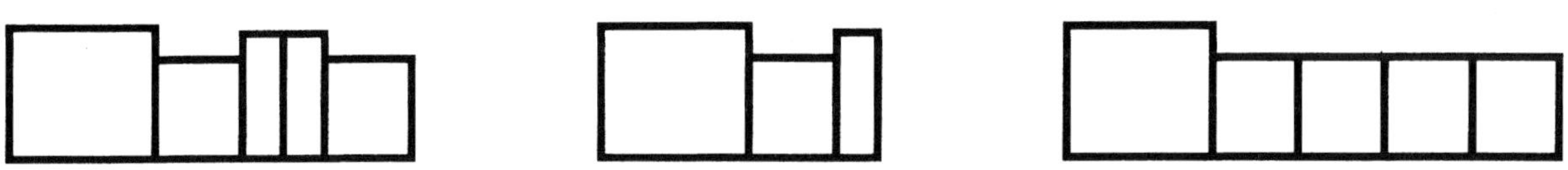

Wal, Wolle, Wanne

2)

HEISMEZDWALJEUBRIWILLIHRNSGBWURMJQVSIFLI
HRWINTERÜMERWTWURSTZDVQWGWANNEFTBTLJ
EWSPFWOLFMUÄDIWHRWASSERZFNSIWHRWANDP
JWUNDERGTWZRBWORTBTWHRWELLETROÜWINDI
OFZWEWUDIXQWNRWATTEÖMJWELTPÜQWAGENR
IPWIHDWOLLEBTEWUTJZWDSEWHRWABEYQNRUPI

1.) passende Wörter mit **W** dichten und aufschreiben
2.) Wollfäden in verschiedenen Farben nachfahren

1)

Hut	Kind	Bild	Kanne
Torte	Matte	Rolle	Zelt
Tonne	Sand	Schal	Zelle

2)

1.) suchen, vergleichen, anmalen, zählen, Zahlen eintragen
2.) lesen, Antwort ankreuzen

1)

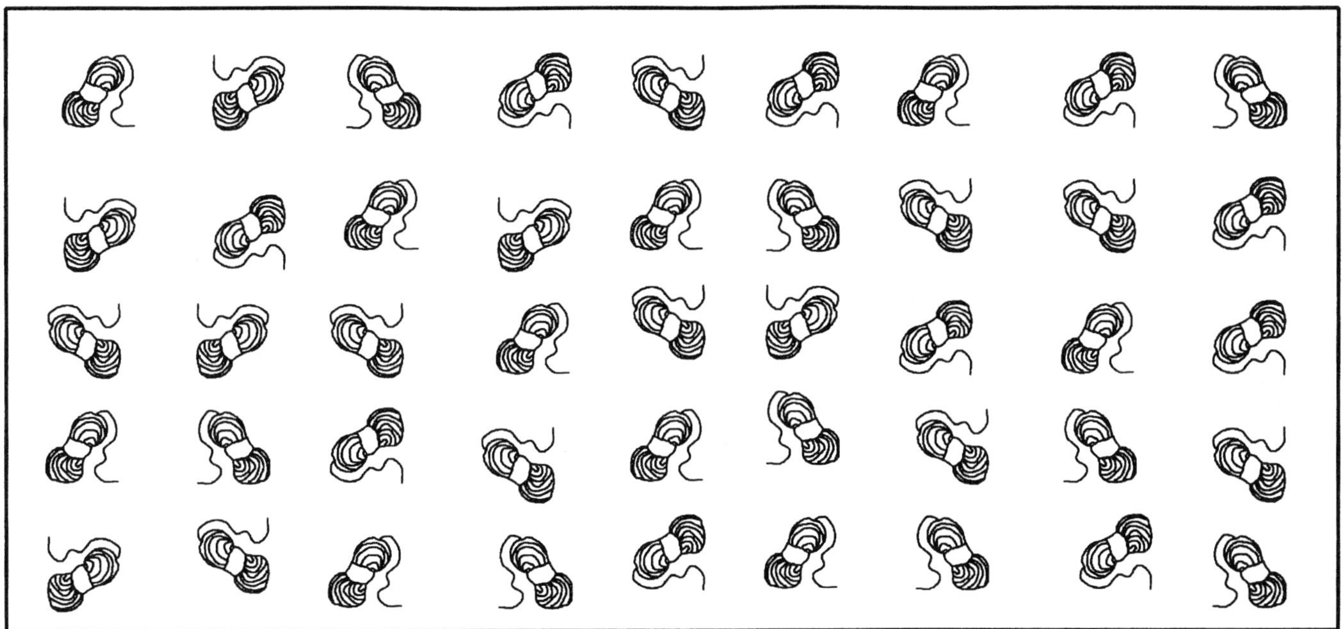

	rot		blau		gelb		braun		grün

2)

		ja	nein
1	Es ist Winter.		
2	Die  Sonne ist am Himmel.		
3	Willi rollt an das  Haus.		
4	Wudi 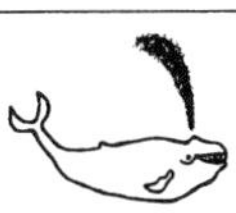 Wal lebt im Wasser.		
5	Willi  Wolle wird nass.		
6	Der  Wal holt das Rad.		
7	Willi will baden.		
8	Wudi mag Willi.		

1.) lesen, auswendig lernen
2.) W farbig nachfahren
3.) lesen, sprechen, verbessern

1) Waschtag bei Willi Wolle:

In der neuen Waschmaschine
tanzen Willis Wollekleider,
hüpfen lustig hin und her,
drehen sich und schwitzen sehr.

In der neuen Waschmaschine
tanzen Willis Wollehosen,
haken sich die Taschen ein,
winken mit dem Hosenbein.

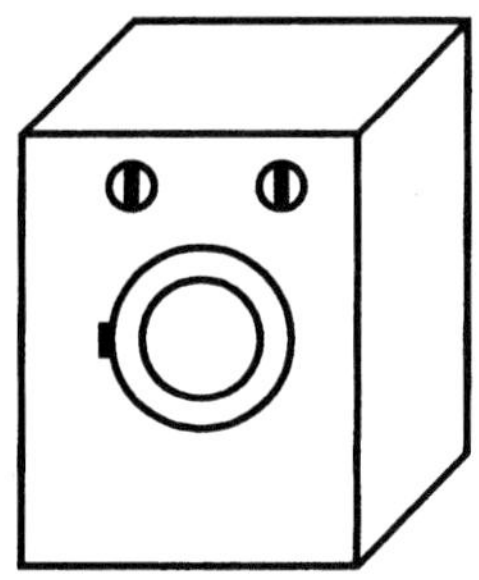

In der neuen Waschmaschine
tanzen Willis Wollehemden,
schlagen einen Purzelbaum,
spielen mit dem Seifenschaum.

2)

N W M N W M N W M W N M W M W N M
W N M N W M M N W N W M N W M W M
W N M W M W N M W N M M N W M N W
M N M W W N M W M M N W M N W M M
W N M N M W M N W N M W M N W N W
M W N W N M W N W M W N W N M W N

3) Wolle Willi hat eine Mischwaschine.
Da tanzen die Hesen und Homden
im Saufenscheim.

Helfen macht Freude ...

Wurmversteck

Benötigtes Material:

2 Streifen grünes Tonpapier (2 cm breit, ca. 60 cm lang)
weißer Karton
Buntstifte
Schere
Klebstoff
Nadel und Faden

Arbeitsanweisung:

1. Bemale zwei Birnenvorlagen, klebe sie auf weißen Karton und schneide sie aus. Bemale auch die Rückseiten.
2. Schneide die 2 vorgezeichneten Löcher aus.
3. Hefte nun die Birnenteile mit Nadel und Faden entlang der Mittellinien zusammen.
4. Flechte aus den beiden grünen Papierstreifen einen Wurm (Hexentreppe/ Ziehharmonika).
5. Anfang und Ende sicherst du mit Klebstoff.
6. Male auf einen kleinen Kartonkreis ein Wurmgesicht, schneide es aus und klebe es als Kopf auf eine Seite des Wurms
7. Ziehe den Wurm durch die beiden Löcher in der Birne.
8. Hänge die Birne an einem Faden auf.

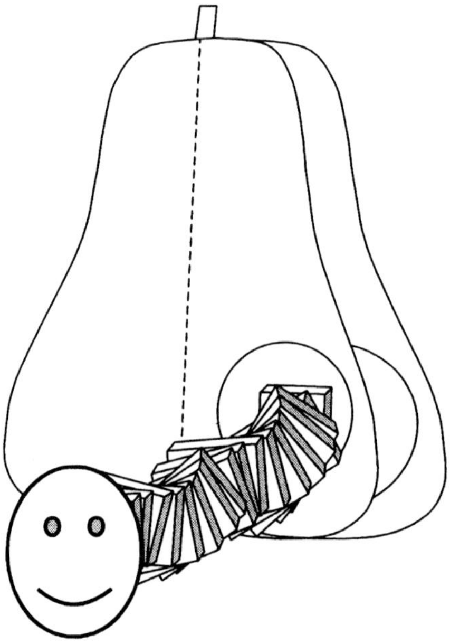

Wurmversteck: Ausschneide-Schablone

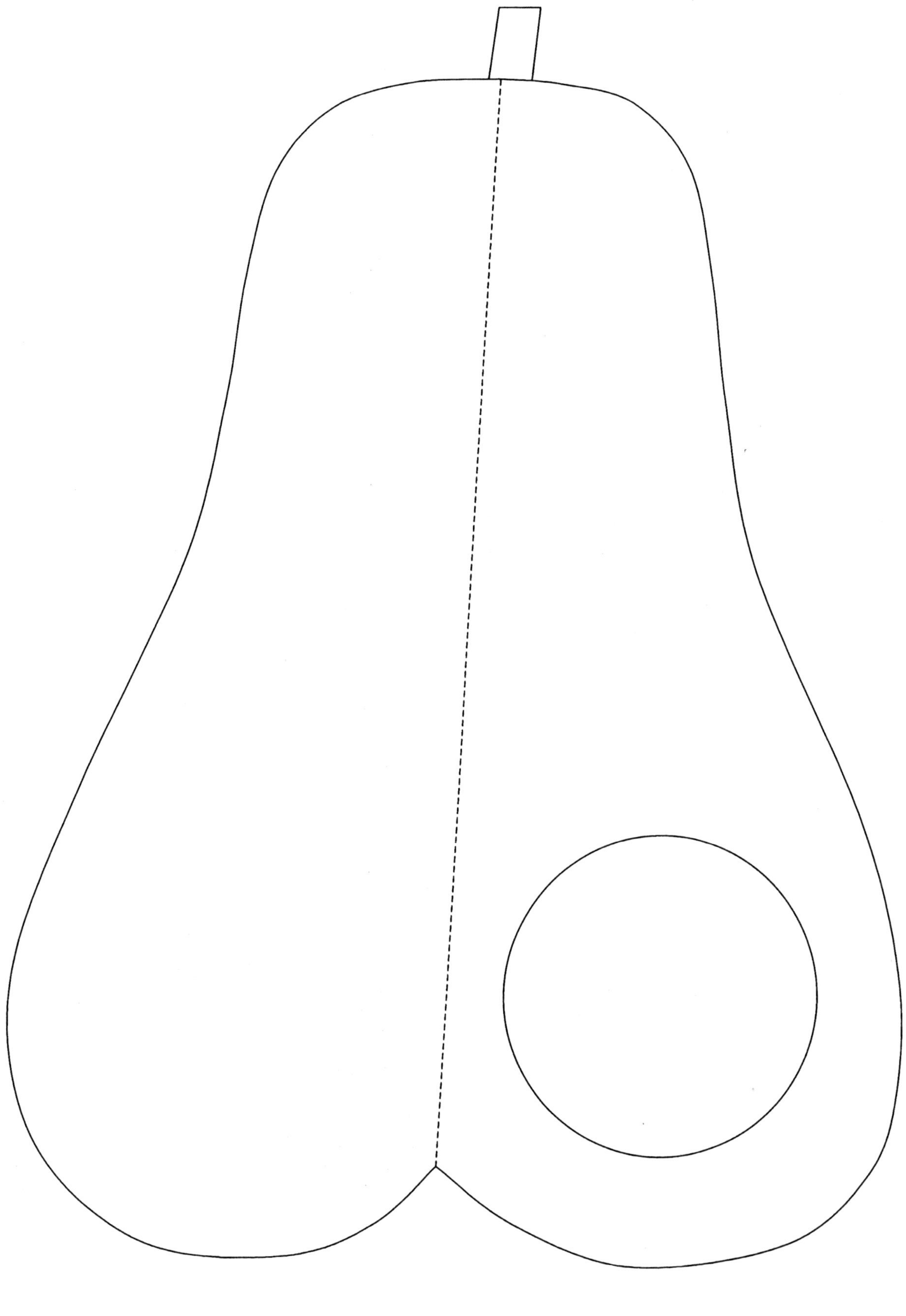

Nugatcreme-Waffelherzen

Zutaten:

60 g	Butter
25 g	Zucker
1 EL	Vanillinzucker
1	Prise Salz
2	Eier
125 g	Mehl
½ TL	Backpulver
1	Tasse Buttermilch
1	Glas Nugatcreme
	Puderzucker

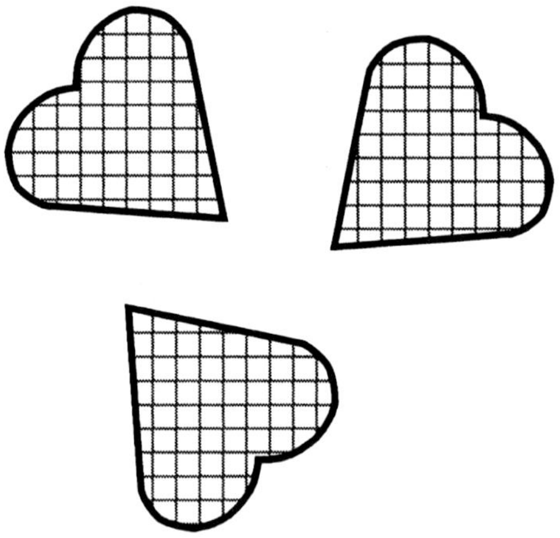

Zubereitung:

1. Rühre Butter, Zucker, Vanillinzucker und Salz mit einem Schneebesen schaumig.
2. Rühre die Eier und das gesiebte Mehl unter. Gib so viel Buttermilch zum Teig, bis er dünnflüssig ist.
3. Heize das Waffeleisen auf und bestreiche es mit Fett.
4. Gib für jede Waffel einen Esslöffel Teig in das Waffeleisen und backe sie goldbraun.
5. Trenne die Waffeln in einzelne Herzen und lass sie abkühlen.
6. Bestreiche die Herzen mit Nugatcreme und siebe Puderzucker darüber.

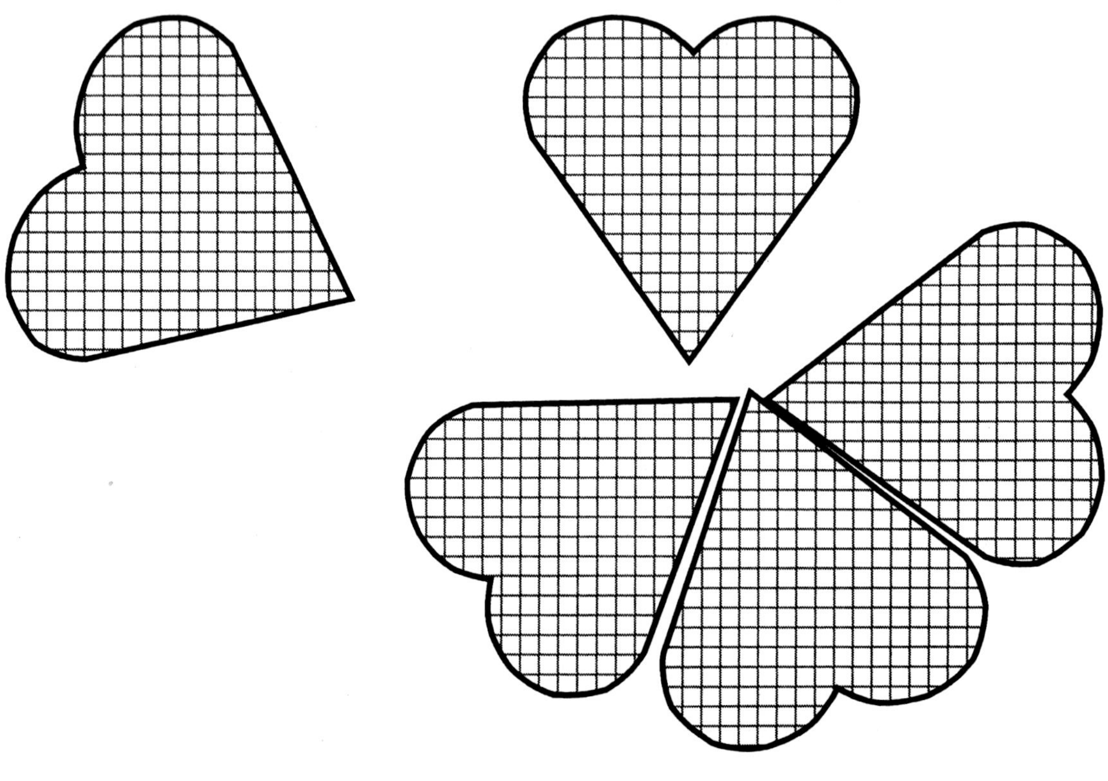

Z

Im Vergleich zu deutschsprachig aufgewachsenen Kindern haben Schülerinnen und Schüler, die aus einem Elternhaus kommen, in dem nicht deutsch gesprochen wird, erfahrungsgemäß weitaus größere Probleme z und s akustisch zu differenzieren. Da es in der deutschen Sprache nur wenig Wörter mit Z / z gibt, ist auch die Anzahl der hier angebotenen Übungen begrenzt.
Themenerweiternd bieten sich die Bereiche Zahnpflege und Ernährung an. Vor der Bearbeitung des angebotenen Arbeitsblattes S. 84 sollten den Schülerinnen und Schülern die Grundanforderungen einer wirksamen Kariesprophylaxe und Mundhygiene unter medizinischen Aspekten vermittelt werden. Dazu gehört neben der mechanischen Zahnpflege auch die unterscheidende Zuordnung von Lebensmitteln nach Zuckergehalt, zahnschmelzschädlichem Säuregehalt (Zitrusfrüchte und versch. Obstsorten), und speichelfördernder (sog. kauaktiver) Konsistenz. (Informationsmaterial ist über jede Zahnklinik und das Gesundheitsamt zu beziehen). Aus unserer Erfahrung vermittelt der Besuch einer Zahnarztpraxis mit der Klasse, evtl. in Verbindung mit einer Vorsorgeuntersuchung des Schulzahnarztes, bei allen Kindern nachhaltige Eindrücke und unterstreicht die Wichtigkeit dieser Themenkomplexe.
Auf Anfrage können in den staatlichen Gesundheitsämtern verschiedene Unterrichtsmaterialien (Arbeitsblätter, Bilder, Modelle, Plakate, Filme) kostenlos ausgeliehen werden. Darüber hinaus erhielten wir immer kostenlos Klassensätze von Zahnbürsten, -bechern und -pasta für das Antrainieren einer täglichen Zahnpflege.
Begleitend eignet sich die Planung und Durchführung eines gemeinsam vorbereiteten Klassenfrühstücks mit dem Ziel der Hinführung zur bewussteren Ernährung.
Wird die Buchstabengeschichte nicht nur vorgelesen, sondern als Figurenspiel präsentiert, können die Schülerinnen und Schüler aktiv in die Darbietung einbezogen werden. Die hierfür notwendigen Requisiten sind: Mund mit Zahnlücke, Einzelzahn, Kariusfigur und Zahnbürste aus Karton (s. Vorlagen S. 90). Ergänzend müssen verschiedene Nahrungsmittel wie Birnen, Bonbons, Karotten, Limonade, Lutscher, Milch, Schokolade und Vollkornbrot bereitgestellt werden.
Bastelvorschläge: Zapfenmännchen, Zapfen mit (zuckerfreien) Dragees gefüllt, Zöpfe flechten.
Die Großbuchstaben-Schablone kann mit (zerstoßenen) Zimtstangen beklebt werden.
Buchvorschläge: I. Radünz/ T. Röhner: Das Wackelzahnbuch, Coppenrath, Münster 1999
C. Funke/J. Kaergel: Der verlorene Wackelzahn, Oetinger, Hamburg 2000
Th. Egner: Karius und Baktus, Bertelsmann, München 1996
B. Spathelf und S. Szesny: Die Zahnputzfee, Albarello Verlag, Wuppertal 2001

Dinge im Tastsack

Zahnbürste	Zelt	Zitrone
Zahnpasta	Ziegel	Zopf
Zahnstocher	Zigaretten	Zucker (Würfel)
Zange	Zigarre	Zwei (Zahlumriss)
Zaun	Zimt (Stange)	Zwerg
Zebra	Zipfelmütze	Zwiebel
Zeitung	Zirkel	Zylinder

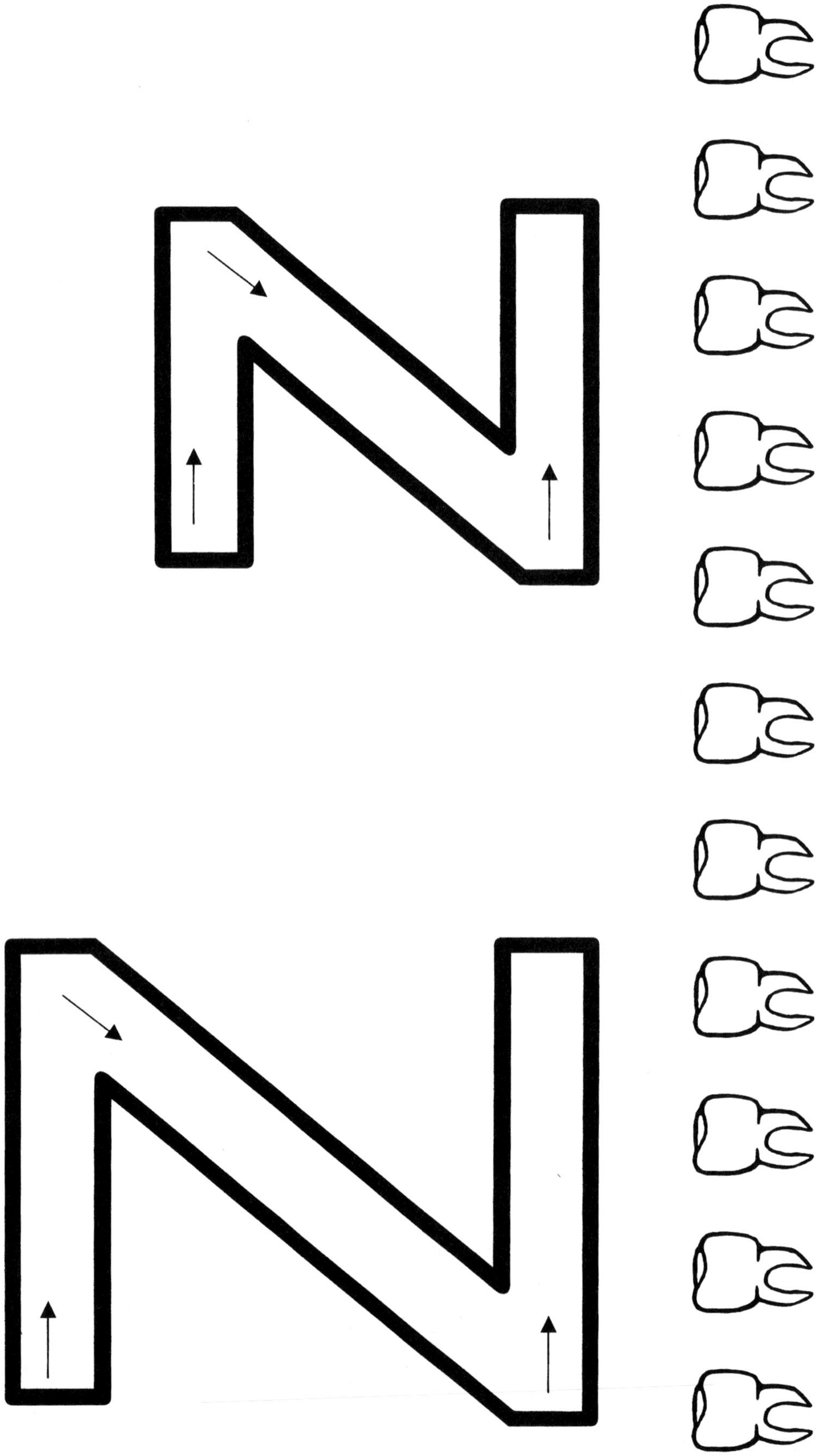

1.) Auszählvers
2.) Wörter suchen, mit Artikel ins Heft schreiben

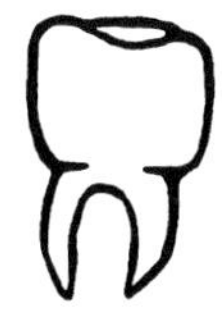

1)

Auszählvers

Zicke zacke - schau mal an,
da wächst ein kleiner Zahn heran.

Zicke zacke - zick zack zuck,
Zähnchen raus mit einem Ruck.

Sag mir deine Zähnchenzahl -
und beginn von vorn noch mal.

Schaffst du das ? Wir woll`n mal sehn.
Ich zähle jetzt bis 10 ...

1 2 3 4 5 6 7 8 9 10

2)

M	Z	B	Z	O	O	S	A	W	U	F	R	A	N	Z	E	N	M	H	B
Z	W	A	N	Z	E	H	O	N	W	E	O	Z	E	L	T	F	E	A	N
T	A	T	S	L	Z	E	B	R	A	D	R	Z	L	O	N	E	T	Z	W
B	R	E	Z	E	L	D	L	O	I	Z	A	H	N	Z	R	M	A	D	S
U	F	Z	E	M	E	N	T	R	H	O	T	W	F	W	A	R	Z	E	I
H	Z	U	S	A	L	Z	M	A	F	E	N	Z	E	T	T	E	L	T	U
W	M	D	Z	T	B	L	I	T	Z	W	A	O	M	N	Z	E	L	L	E
B	L	T	A	R	Z	T	W	H	D	R	I	T	Z	E	W	F	O	H	M
L	S	A	T	Z	D	F	Z	I	M	M	E	R	U	A	I	T	Z	M	A
R	F	H	I	T	Z	E	D	O	U	L	D	I	B	W	H	Z	A	H	L

ZAHN
SALZ
ZIMMER
ZETTEL
WANZE
BLITZ
ZELT
HITZE
ZEBRA
SATZ
ZELLE
RITZE
ARZT
ZEMENT
RANZEN
NETZ
ZAHL
BREZEL
ZOO
WARZE

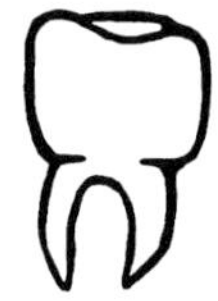

Der  Zahn Zini und seine Freunde

Petra hat einen  Zahn verloren. Im  Mund ist jetzt eine Zahnlücke. Doch bald schon blitzt hier ein neuer, kleiner, weißer 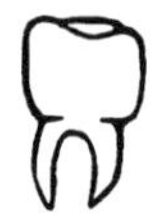 Zahn. Das ist Zini.

Zini lernt sehr viel in Petras  Mund.

Es kommen Freunde und Feinde zu Besuch.

Feinde sind:  Bonbons,  Lutscher,  Schokolade und süße  Limonade.

Freunde sind:  Karotten,  Milch und  Vollkornbrot.

Zinis beste Freundin ist die  Zahnbürste.

Seit Petra beim  Zahnarzt war, kommt die  Zahnbürste jeden Tag zu Besuch. Sie bringt auch immer ein bisschen  Zahnpasta mit.

1. Bilder anschauen, erzählen,
2. Sätze lesen, ausschneiden, zuordnen, aufkleben

1)

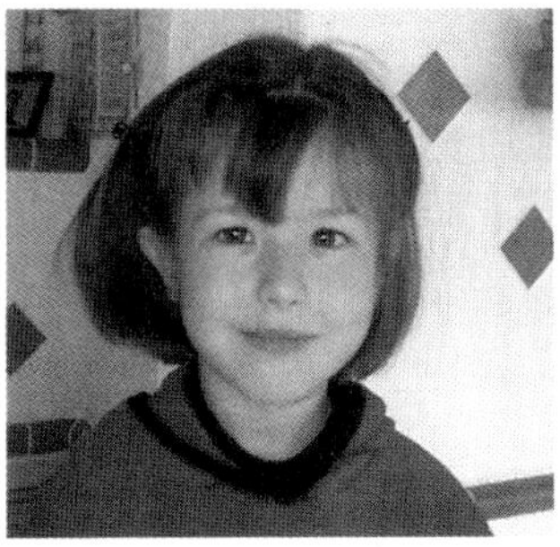

1.

2.

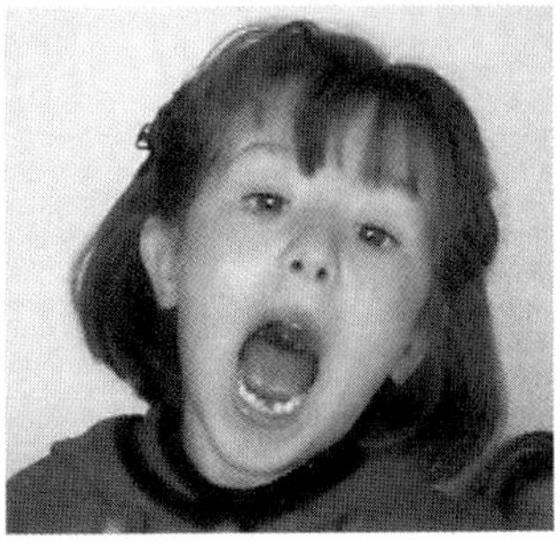

3.

4.

5.

2)

Das ist der Wackelzahn, der so weh getan hat. Der ist aber groß!

Alles ist wieder gut. Petra lacht. Dabei sieht man genau die neue Zahnlücke unten im Mund.

Aua, aua! Mama, schau mal in meinen Mund! Da vorne wackelt ein Zahn.

Das ist Petra. Sie hat seit heute früh Zahnweh.

Petra und ihre Mama schauen sich den Zahn. genau an.

1.) lesen, unter Beachtung der Kriterien für Zahnpflege, Zahnerhaltung und zahngesundheitlicher Prophylaxe besprechen, Lebensmittel zuordnen
Wörter der Zuordnung entsprechend farbig nachspuren
Tabelle ins Heft übertragen:
Wörter zugeordnet in die Tabelle abschreiben

1)

Diese Nahrungsmittel sind zuckerarm und kauaktiv – also gut für die Zähne.

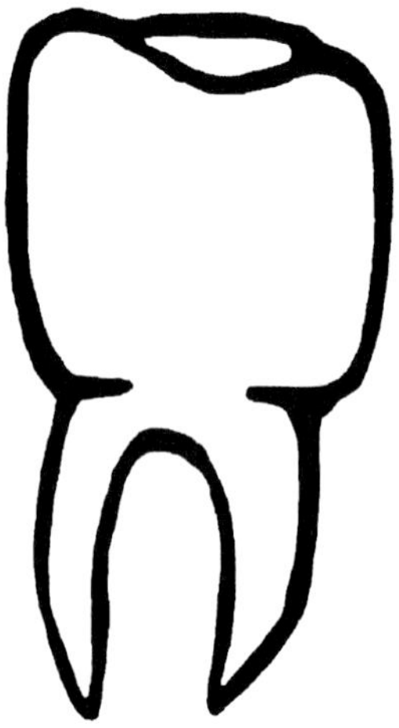

Diese Nahrungsmittel sind zuckerhaltig und nicht kauaktiv – nach dem Genuss müssen die Zähne geputzt werden.

Kakao	Vollkornbrot	Paprika	Salat
Limonade	Nuss	Karotte	Tomate
Salami	Bohnen	Bonbon	Saft
Nudeln	Kohlrabi	Marmelade	

Hinweis: Das Kauen von zuckerfreiem Kaugummi nach Mahlzeiten unterstützt die mechanische Reinigung der Zähne und fördert den positiv wirkenden Speichelfluss! Achtung bei sauren Obstsorten: Der übermäßige Verzehr kann den Zahnschmelz angreifen!

1.) Wörter bilden, schreiben
2.) Wörter trennen, mit Artikel schreiben

1)

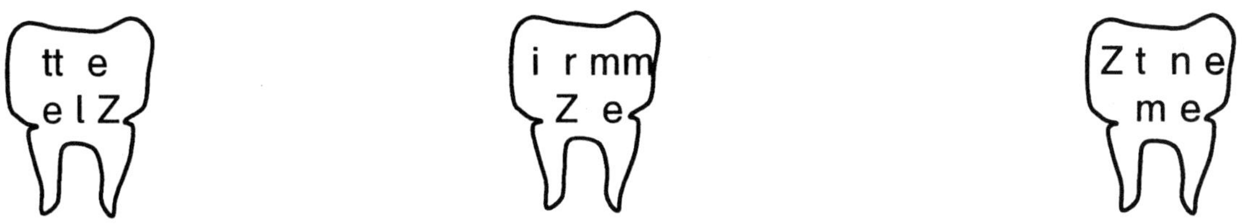

2)

1.) lesen, zuordnen, Sätze aufschreiben
2.) Suchbild: 10 Zähne finden und anmalen

1)

Ist das richtig?

Das Zebra
Die Brezel
Zahn Zini
Der Blitz
Das Netz

ist im Mund.
ist im Wasser.
ist im Ranzen.
ist im Zoo.
ist am Himmel.

2)

1.) Bilder ergänzen
2.) Geheimschrift entziffern
3.) Wörter vervollständigen, ins Heft schreiben
4.) Wie heißt das Wort?

1)

2)

A	1
B	2
E	3
H	4
I	5
L	6
M	7
N	8
O	9
R	10
T	11
Z	12

12	3	2	10	1

12	1	4	8

12	3	6	11

12	1	4	6

12	3	4	8

12	9	9

12	5	7	7	3	10

12	3	4

12	3	6	6	3

12	3	7	3	8	11

12	3	11	11	3	6

3)

___hn	Z_ll_	_e_t	___br_	_oo	Z_hl
_eh	_e___nt	_eh_	_ett__	Z_mm___	

4)

? Zimmermannshut ?

1.) sprechen, hören, einsetzen: **z** oder **s**
2.) lesen, trennen, ins Heft schreiben
3.) Muster fortsetzen

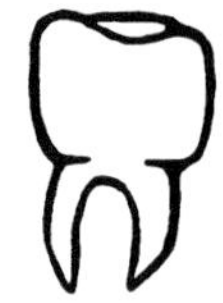

1)

_ and	_ üden	_ ahn	_ itrone	_ ahl
_ ieger	_ apfen	_ unge	_ ilber	_ ekunde
_ auberer	_ eitung	_ uppe	_ elt	_ ug
_ ommer	_ alami	_ oo	_ werg	_ irkel
_ wiebel	_ ee	_ arg	_ onne	_ albe
_ ange	_ eit	_ immer	_ eife	_ eugnis
_ ement	_ ecke	_ ettel	_ aun	_ onntag
_ egelboot	_ attel	_ eil	_ alat	_ entimeter
_ iel	_ irkus	_ au	_ orro	_ oldat
_ eichnung	_ ucker	_ igarre	_ imt	_ iege

2)

ICHBINDERKLEINEZAHNSCHAUMICHMALIMSPIEGELAN

3)

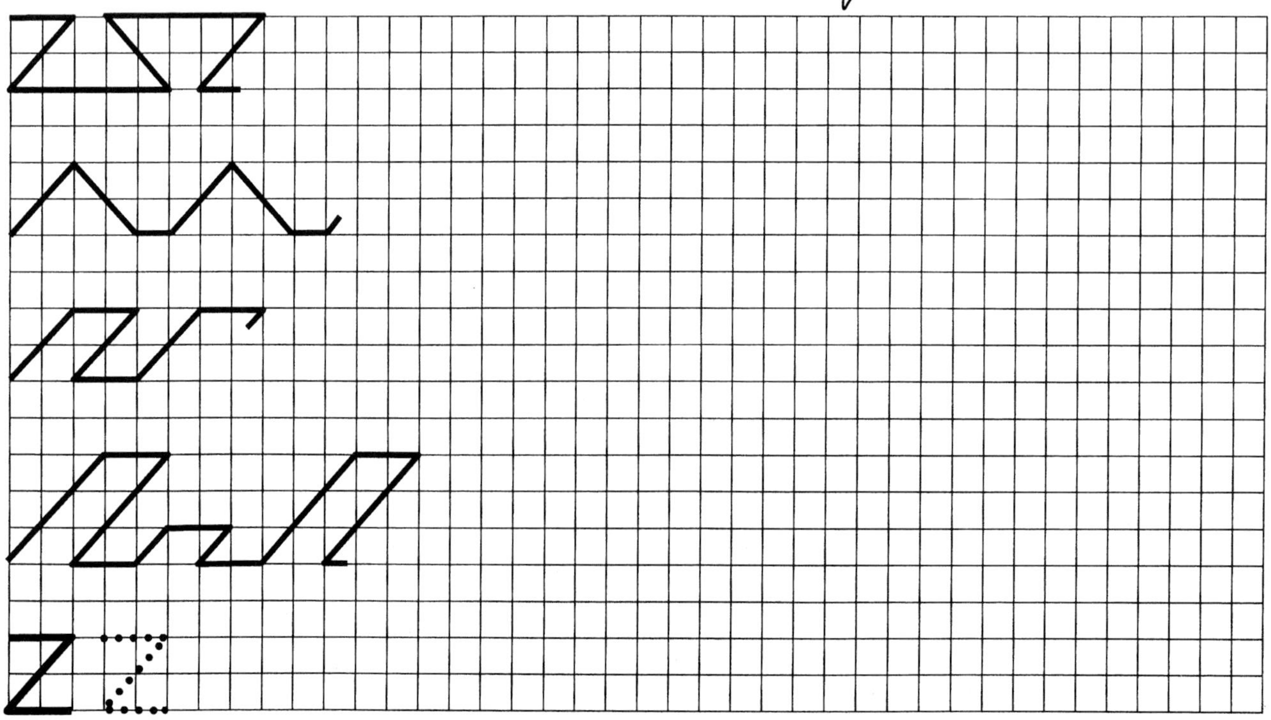

Als ich einmal ...

Kopiervorlage für die Requisiten zur Geschichte „Der Zahn Zini und seine Freunde"
(s. Grundband S. 81)

Zitronen-Orangentee

Zutaten:

1 Zitrone, unbehandelt
3 Orangen
3 Beutel Hibiskustee

Zubereitung:

1. Presse die Orangen und die Zitrone aus und reibe die Zitronenschale mit einer Reibe ab.
2. Bereite mit den Teebeuteln und 1 l heißem Wasser einen Tee.
3. Gib den Obstsaft dazu und rühre alles gut um.
4. Lass den Tee auf Zimmertemperatur abkühlen und stelle ihn im Kühlschrank kalt.

Buchstaben aus Hefeteig

Zutaten:

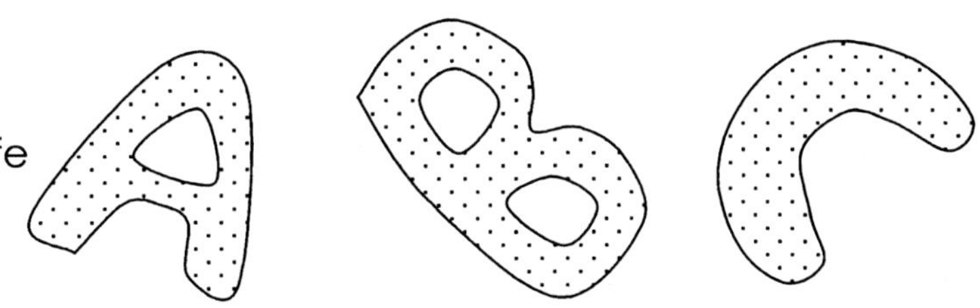

500g Mehl
1 Paket Trockenhefe
1 TL Salz
2 Tassen Milch
60g Margarine
1 Ei zum Bestreichen
Mohn, Sesam, grobes Salz,
Sonnenblumenkerne zum Bestreuen

Zubereitung:

1. Gib Mehl, Trockenhefe und Salz in eine Schüssel. Mische die Zutaten und mache in der Mitte des Mehls eine kleine Vertiefung.
2. Erwärme die Milch mit der Margarine und gieße die lauwarme Mischung in die Teigmulde.
3. Mische alles gut durch: erst mit dem Kochlöffel, dann mit den Händen, bis der Teig nicht mehr an den Fingern klebt.
4. Decke den Teig in der Schüssel zu und lass ihn eine Stunde an einem warmen Ort groß werden.
5. Rolle den Teig zu fingerdünnen Würstchen und forme Buchstaben daraus.
6. Bestreiche die Teile mit dem verrührten Ei und bestreue sie mit verschiedenen Körnern.
7. Backe die Teile ca. 15 Minuten im vorgeheizten Backofen bei 200° C.

K

Lehrerinnen und Lehrer, die aufmerksam erste Spontanschreibungen vergleichen, kennen die Schwierigkeiten, die beim Schreiben des Graphems entstehen können. Sehr gute Ergebnisse erzielt man, wenn den Kindern hier ein Schreibraster in Form von Kästchen angeboten wird. Ausrichtung und Länge der Schrägstriche sind damit genau vorgegeben und können zuverlässig und schnell gefestigt werden, bevor die Schreibung in der üblichen Lineatur erfolgt.
Eine in den ersten Schuljahren ungenügend trainierte akustische Abgrenzung zwischen den Lauten g und k kann nach unseren Erfahrungen bis in die oberen Klassenstufen eine Quelle für Rechtschreibfehler darstellen.
Einfache Spiele ermöglichen eine schnelle Analyse der Differenzierungsfähigkeit:
- Die Lehrkraft oder ein Kind überlegt sich Wörter mit g und k im An-, Aus- und Inlaut; jede Schülerin/jeder Schüler hat ein G / g- und ein K / k-Kärtchen, das entsprechend in die Höhe gehalten wird.
- Jedes Kind hat eine durchnummerierte Tabelle mit zwei Spalten zur Bearbeitung vorliegen; g und k müssen nun akustisch unterschieden werden: Nach jedem vorgesprochenen Wort wird in die entsprechende Spalte/Reihe ein Kreuz eingetragen (dieselbe Tabelle auf einer Folie dient als schnelle Kontrolle der Ergebnisse). Eine offene Bewertung erfolgt nicht; diese Spiele stellen nur eine Orientierungshilfe zur Einschätzung des Leistungsstandes der Klasse dar.

Das vorbereitete Arbeitsblatt „Koffer packen" kann ebenfalls als Lernkontrolle (Wortdiktat) eingesetzt werden.
Mal- und Bastelvorschläge: Hinterglas-Bild mit Alufolie/Goldfolienelementen, Käfer mit aufklappbaren Flügeln (Karten, Tischdekoration, Gruppenbild), Kartoffeldruck, Korkdruck, Konfettibilder, Kerzenwachstropfen, die durch ergänzende Füße, Flügel und Fühler zu Käfern werden.
Fächerübergreifende Themen: Insekten/Käfer/Bienen, Lebensraum Wiese, Sozialverhalten in der Gruppe.
Die Buchstabenschablone kann mit Knöpfen, Konfetti, Kaffeebohnen oder Korkscheiben beklebt werden.
Buchvorschlag: M. Robertson: Insekten und Spinnen, Tessloff, Nürnberg 2001

Dinge im Tastsack

Kabel	Käse	Kissen	Kragen
Käfer	Kasper	Kiwi	Kranz
Kaffeebohnen	Kasse	Klingel (Rad)	Krawatte
Kalender	Kastanie	Knoblauch	Kreide
Kamm	Katze	Knopf	Kreuz
Kanister	Kaugummi	Koffer	Krokodil
Kanne	Kegel	Kokosnuss	Krone
Karotte	Kerze	Korb	Kugel
Kartoffel	Kette	Korken	Kugelschreiber

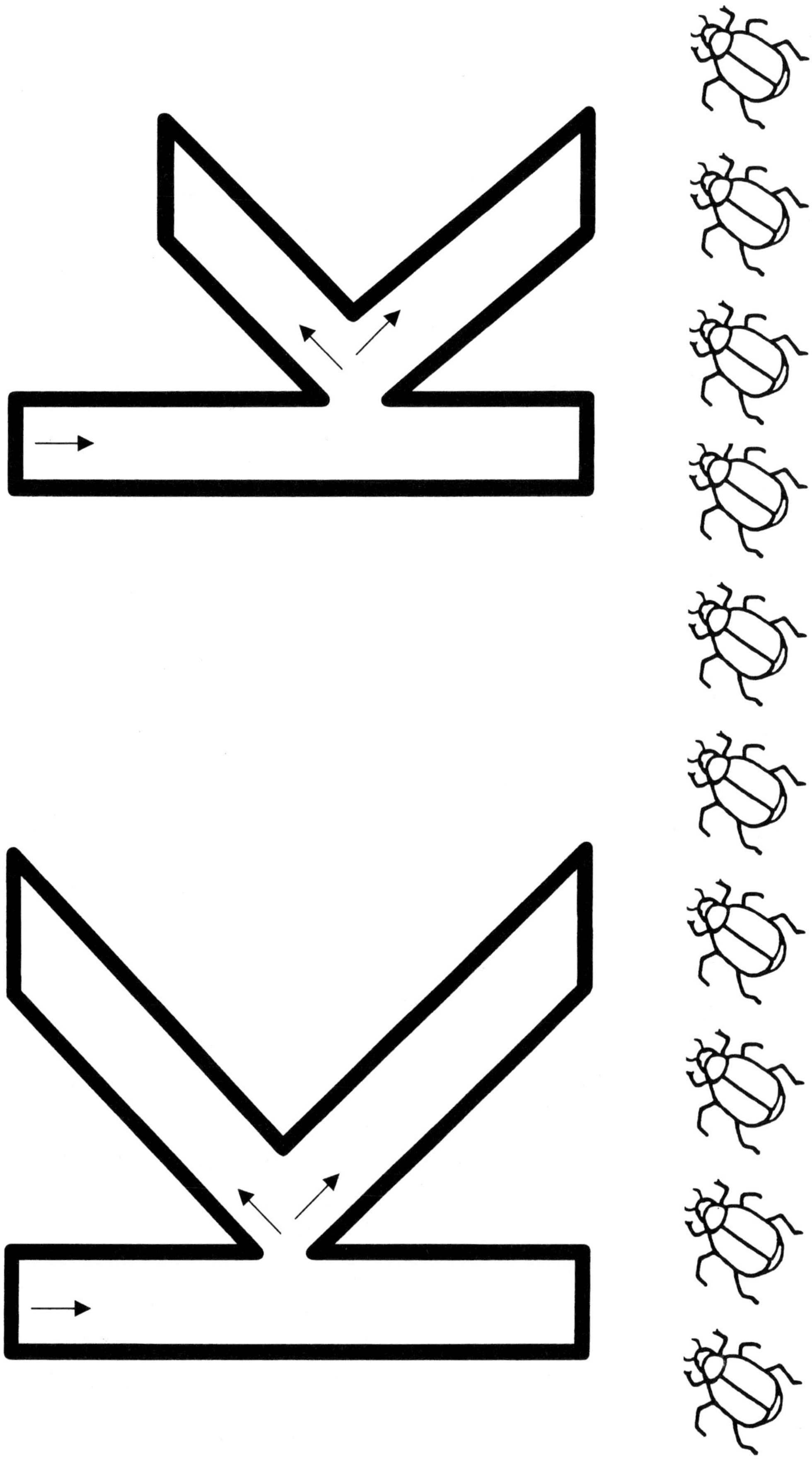

Der  Käfer Kurt

Das ist Kurt. Kurt ist ein kleiner, frecher  Käfer.

Er lebt mit seiner Familie auf einer großen, grünen

 Wiese.

Kurt liebt es auf hohe  Grashalme zu klettern.

Er fliegt gerne und kann tolle Kunststücke machen:

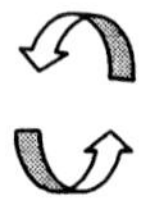 Saltos,  Spiralen und  Sturzflug.

Seine Mama sagt: „Kurt, sei vorsichtig!"

Aber der kleine  Käfer hört nicht zu!

Und eines Tages passiert es:

Kurt wird in der schönen  Blüte gefangen.

Aber alle  Käfer in der Blüte helfen mit und drücken

gemeinsam, bis die  Blüte platzt – peng!

Kurt der  Käfer ist wieder frei.

Auf seinem Kopf ist ein kleines Stück  Alufolie.

Es sieht aus wie eine  Krone.

1.) Wörter eintragen
2.) **k** -Laut hören (Anfang / Ende / Mitte), zuordnen, einzeichnen

1)

Wolke, Paket, Zirkus, Bank, Kamel, Krokodil, Maske, Schrank, Kanu, Kasper

2)

1.) Wörter zusammensetzen, schreiben, lesen, klatschen
2.) Fragen lesen, beantworten
3.) Bilder vervollständigen/ergänzen
4.) sprechen, bewegen

1)

ko Ka Kro Kar der te

Ko fel dil Ka len kos

tof ra nuss me Kra wat

2) Kurt ist ein
- o Krokodil.
- o Kater.
- o Käfer.
- o Kamel.

Kurt frisst
- o Kokosnüsse.
- o Kinderbeine.
- o Kastanienblätter.
- o Kartoffelbrei.

Kurt hat
- o 1 Kaufhauskasse.
- o 1 Königskrone.
- o 1 Kaffeekanne.
- o 1 Kugelschreiber.

Kurt kann
- o fliegen.
- o tauchen.
- o küssen.
- o krabbeln.

Kurt hat
- o 4 Krallen.
- o 1000 Füße.
- o 2 Arme.
- o 6 Beine.

Kurt lebt
- o im Koffer.
- o im Kanister.
- o auf der Wiese.
- o im Klassenzimmer.

3)

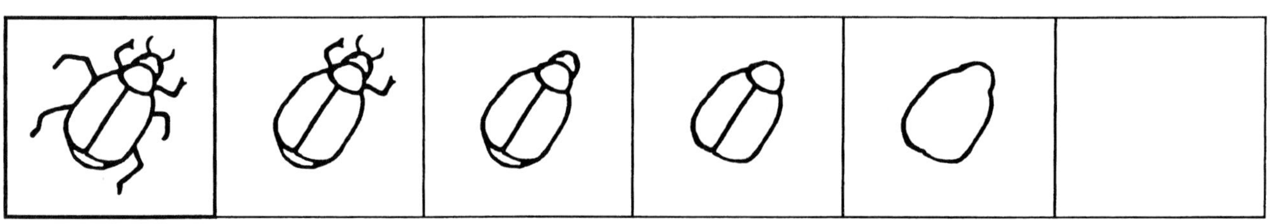

4) Da kommt Kurt – ohne Helm und ohne Gurt – einfach Kurt !

1.) Wörter bilden, zuordnen, aufschreiben
2.) 10 Unterschiede finden, ankreuzen

1)

Kurt

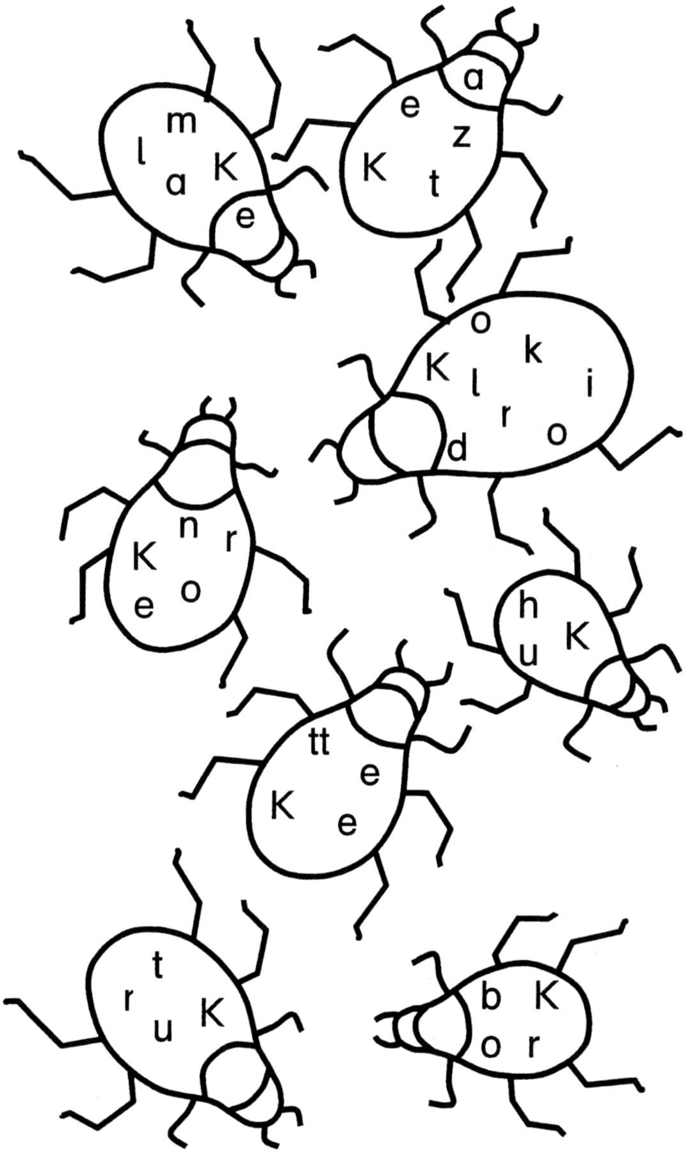

2)

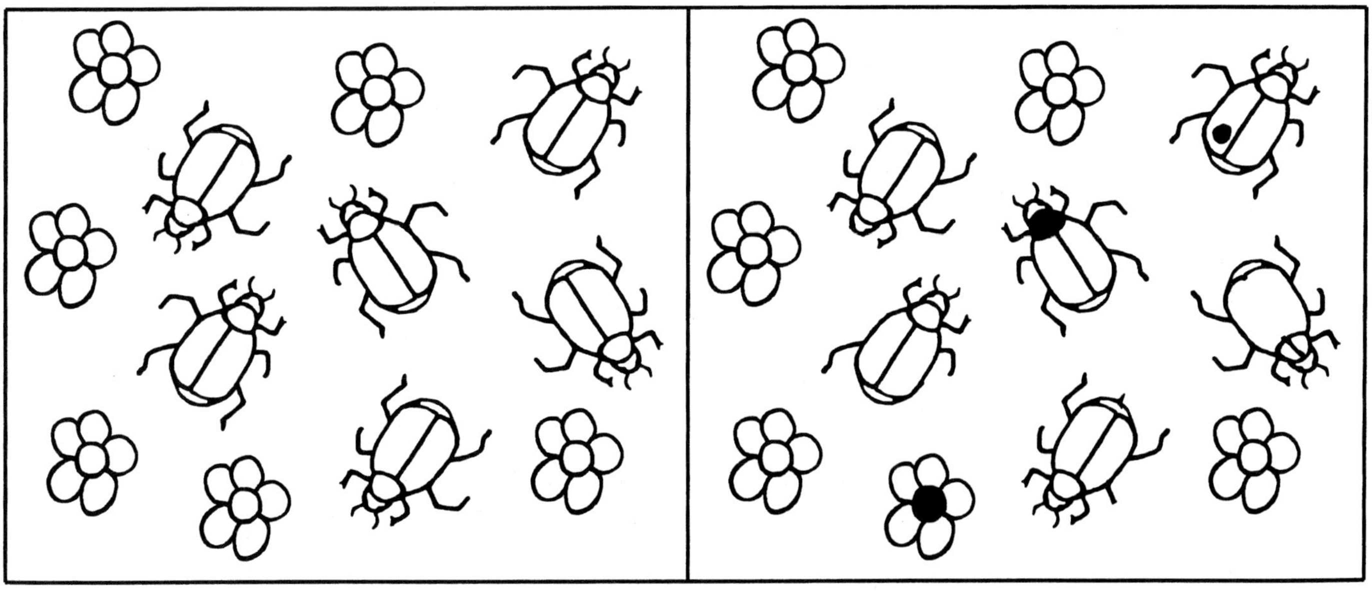

1.) Wörter richtig zusammensetzen, schreiben
2.) Wörter erkennen, zuordnen, vervollständigen, mit Artikel ins Heft schreiben

1)

Ka - nuss	Kokos - ter
Kro - te	Kar - ne
Ker - fer	Kof - ze
Kis - mer	Klam - sen
Klas - ton	Kar - se
Ka - kodil	Kro - kao
Kat - wi	Ki - ze
Ku - mel	Ka - li
Kar - tanie	Kas - toffel

Mein Krokodil frisst, was es will. Es ist ja kein Kamel ...

2)

Kind Kurt Kern Korb Keks

Kanister Kasse Kamm Kakadu

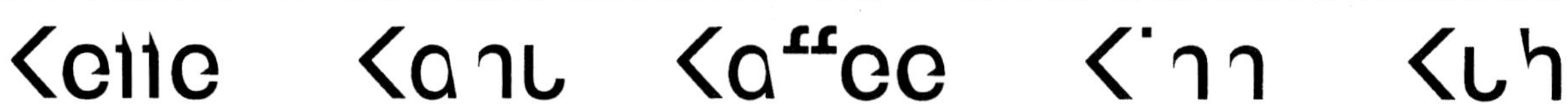

Kinn Kanu Kette Kuh Kaffee

1.) Wörter bilden, lesen, schreiben
2.) richtige K farbig umkreisen

1)

erze
asse
ern
ind
iwi
orb
uli
anu
eks
uh

issen
lasse
atze
ette
amm
offer
arte
akao
arton
lammer

2)

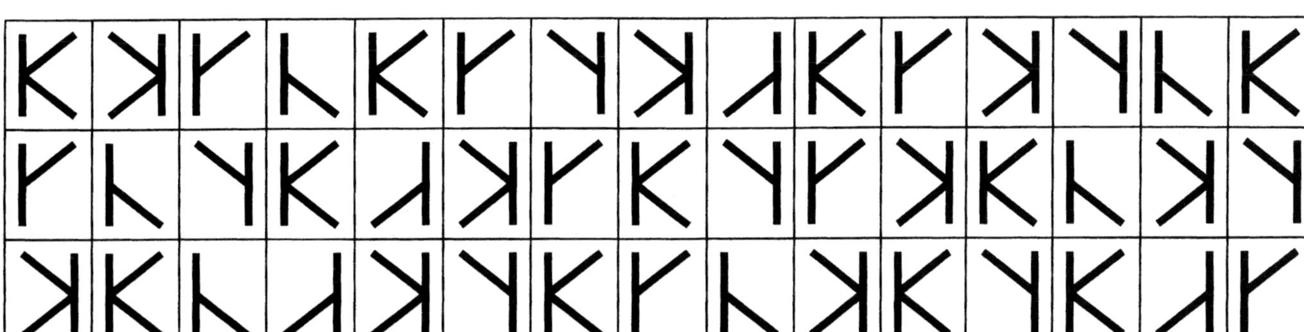

1.) Bilder benennen, **K** -Wörter in den Koffer schreiben, andere Bilder durchstreichen

1)

Packe einen K - Koffer...

O - o - o ! Kurt hört nicht,

was Mutter spricht!

Kennst du das auch?

Kasper und Konrad, das Krokodil

Handpuppen/Figuren: Krokodil Konrad, Liese, Zauberer Abrakadabra, Kasper)

Konrad: Puh – mir ist es so langweilig ... Was soll ich bloß machen? Ist es euch auch langweilig? Habt ihr ´ne Idee, was ich heute tun kann? Hm – immer sooo alleine hier rumliegen ... das ist richtig doof!

Liese kommt gut gelaunt vorbei.

Liese: Tralali, tralala! Ich singe gern, ich tanze gern! *(pfeift)* Oh, ich hätte so gerne jemanden zum Singen, Tanzen und Spielen. Alleine ist es ja ganz schön – aber zu zweit oder zu dritt wäre es bestimmt viel lustiger! *(bleibt erstaunt stehen)* Uups – wen haben wir denn da? Ein riesengroßes, grünes Tier! Das sieht aber komisch aus! Was meint ihr, Kinder? Hallo, guten Tag! Ich bin die Liese – wer bist du?

Konrad: *(brummelt)* Liese? Blöder Name! Wo hast du den bloß her? Ich bin Konrad, das gefährliche Krokodil. Wehe dem, der mir in die Quere kommt! Ich wackle einfach mit meinem Zahn und dann – rrrrr! – fresse ich kleine Kinder!
Die schmecken sooo lecker!!! – Hi, hi, hi!

Liese versteckt sich ängstlich hinter einem Baum.

Konrad: Äh, du da, du Lasi, Lesi, Losa! Willst du mit mir spielen? Du kennst doch bestimmt ein lustiges Menschenspiel.

Liese: N... n... n... nein – tut mir Leid. Ich hab überhaupt keine Zeit. Ich muss schnell nach – äh – äh – äh – Hause. Meine Mama wartet ...

Liese dreht sich um und rennt schnell weg.

Konrad: Phh, dann geh halt, dumme Zimtzicke!
– Da frag ich ganz freundlich, ob die mit mir spielt – und dann: NEIN. Und wie unfreundlich! Habt ihr das gehört, Kinder? Wie die plötzlich gestottert hat! Ich glaub, die hat geschwindelt ...!

Abrakadabra: Eins – zwei – drei – eins – zwei – drei – ich wünsche mir ein – rosarotes Ei ...

Der Zauberer erscheint

Ähm, ich werde auch immer älter! Jeden Tag muss ich mir mindestens siebenmal meine Zaubersprüche vorsagen, damit ich sie nicht vergesse. Samsa-sumsa-simsalabim – aber das ist gar nicht schlimm ...

Konrad: *(schreit laut und frech)* He, du – Zirkusfigur! Was redest du denn für einen Quatsch daher? Bist du ein bisschen hohl im Kopf?
(zum Publikum) Habt ihr das gehört?
Schaut euch den mal an, wie der aussieht – mit seinem komischen Hut! Und – ha, ha, ha – hast du schon mal in den Spiegel geschaut? – Dein Bart, das sind ja nur drei Haare – huhu!

Der Zauberer bleibt schlagartig stehen.

Abrakadabra: Waaas? Was hast du zu mir gesagt? Niemand wagt es, so mit mir zu reden! Mit mir, dem großen und mächtigen Zauberer Abrakadabra! Pass auf, du unglückseliges Krokodil, dass ich dich nicht in einen kleinen, grünen Wurm verwandle!

<u>Konrad:</u> Was willst du, du Witzfigur, du Dreihärchenbartträger!? Du willst ein Zauberer sein?! Na, dann kannst du mir doch ein paar von deinen blöden Sprüchen beibringen!
Oder zeig mir mal, wie man aus weißen Hühnereiern grüne Krokodileier zaubert!
Du kannst mich doch mal mit zu dir nach Hause nehmen, dann schau ich mir deine Zauberküche und deinen ollen Zauberraben an.

<u>Abrakadabra:</u> Wie bitte? Was erlaubst du dir denn, du unverschämter Kerl! Du grüner Wurm! Beschimpfst mich und meinst, dass ich dich dann zu mir nach Hause mitnehme! Meine Frau kriegt ja einen furchtbaren Schrecken, wenn sie dich sieht. – Sie fällt vielleicht sogar in Ohnmacht. Nein, nein, mein Lieber, dich nehme ich nie im Leben irgendwohin mit.

<u>Konrad:</u> Auch egal, alter Ziegenbart! Dann geh halt alleine nach Hause. Selbst schuld – ätsch – bätsch!

Konrad legt sich beleidigt zum Schlafen in die Ecke.

<u>Abrakadabra:</u> Hat man denn so was schon erlebt? *(zum Publikum)* Was meint ihr, Kinder? Ist das nicht ein unverschämter, frecher Kerl?

Der Zauberer verlässt kopfschüttelnd die Bühne.

<u>Kasper:</u> *(singt)* Tri tra trallalla ...! Schön ist es auf der Welt zu sein, sprach die Biene zu dem Stachelschwein! ... Hach, *(breitet die Arme aus)* ist das heute ein wunderschöner Tag!

<u>Konrad:</u> Ruhe! *(murmelt missgelaunt)* Schon wieder kommt so ein Doofmann anmarschiert!

<u>Kasper:</u> Doofmann? Selber Doofmann!
(zum Publikum) Habt ihr das gehört? *(beginnt zu lachen)*
Na warte! – He, du Kurzbeinkriechgrüntier! Hast du dich überhaupt schon einmal selbst im Spiegel angeschaut?

<u>Konrad:</u> Klar! Siehst du nicht, wie toll ich aussehe?! Wie ein echtes Superkrokodil! Nicht wahr?
(wendet sich zum Publikum) Was meint ihr, Kinder?

<u>Kasper:</u> Es kann ja sein, dass du super aussiehst. Aber was hilft es dir? Du machst dauernd ein unfreundliches Gesicht, beleidigst mit deinen Ausdrücken alle Leute und – du hast keine Freunde.

<u>Konrad:</u> *(kleinlaut)* Hmm – meinst du das wirklich? Aber wärst du fröhlich, wenn keiner mit die sprechen und spielen wollte? Alle Kinder laufen weg, wenn sie mich sehen! Und der Zauberer war sogar richtig böse zu mir!
(wendet sich traurig ans Publikum) Ihr habt´s doch auch alle gehört!

Konrad läuft weinend hin und her.

<u>Konrad:</u> Ach Kasper ich bin so unglücklich! *(weint)* Kannst du mir nicht helfen? Oder ihr? *(wendet sich ans Publikum)* Sagt mir doch, was ich besser machen kann, damit ich endlich Freunde bekomme! Ich fühle mich nämlich sooo alleine! *(heult laut)*

<u>Kasper:</u> Jetzt hör schon auf zu heulen! Du bist doch selbst schuld. Du musst nur ein bisschen lächeln! Mach einfach ein freundlicheres Gesicht – und du wirst sehen, dass dich dann jeder mag! Probier´s doch mal! Wenn ich es mir genau überlege, bist du eigentlich ein ganz sympathischer Kerl!

<u>Konrad:</u> Meinst du?
(zum Publikum) Kinder, glaubt ihr, was der Kasper sagt? Soll ich´s mal versuchen?

Ihr zählt bis drei, dann lache ich – großes Ehrenwort!
Macht ihr das? Achtung, jetzt geht´s los: ... 1 – 2 – und die letzte Zahl heißt: *(hält sich die Hand ans Ohr)*
Ha –, ha –, ha –, haha –, hahaha – (*Er fängt erst stockend an zu lachen und wird dann immer lauter und flüssiger.)*
Tatsächlich! Es klappt, es klappt – jipphi, hurra! Ich fühle mich auf einmal ganz leicht und gut!

Das Krokodil hüpft wie ein Gummiball hin und her.

He, Kasper, alter Junge, sei kein Frosch – komm und tanz mit mir!

Das Krokodil hakt sich bei Kasper ein. Beide tanzen davon und singen dabei:

Lied

Das Lied vom Krokodil Konrad

Bastelanleitung für einen Käfer

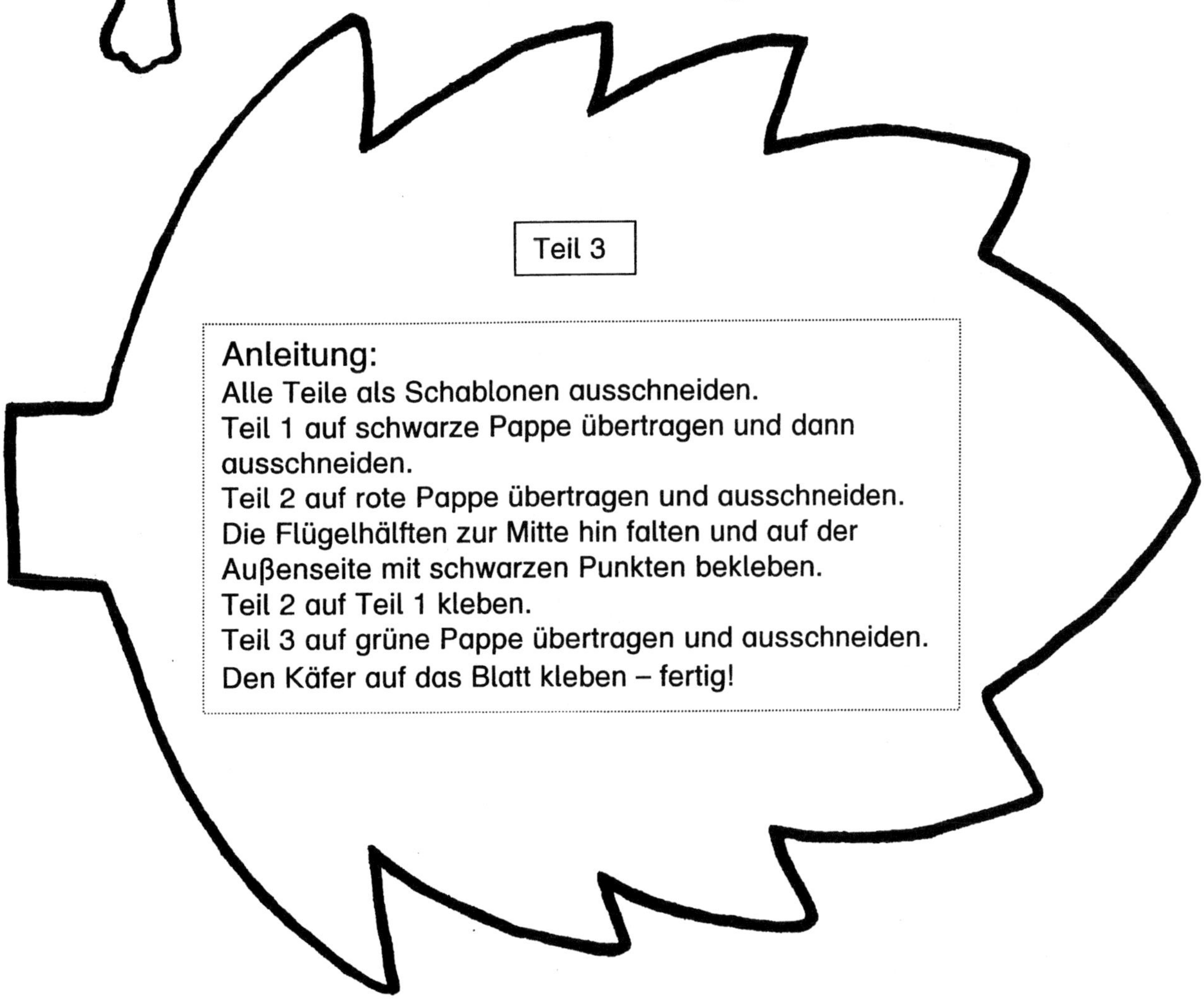

Anleitung:
Alle Teile als Schablonen ausschneiden.
Teil 1 auf schwarze Pappe übertragen und dann ausschneiden.
Teil 2 auf rote Pappe übertragen und ausschneiden.
Die Flügelhälften zur Mitte hin falten und auf der Außenseite mit schwarzen Punkten bekleben.
Teil 2 auf Teil 1 kleben.
Teil 3 auf grüne Pappe übertragen und ausschneiden.
Den Käfer auf das Blatt kleben – fertig!

Körbchen

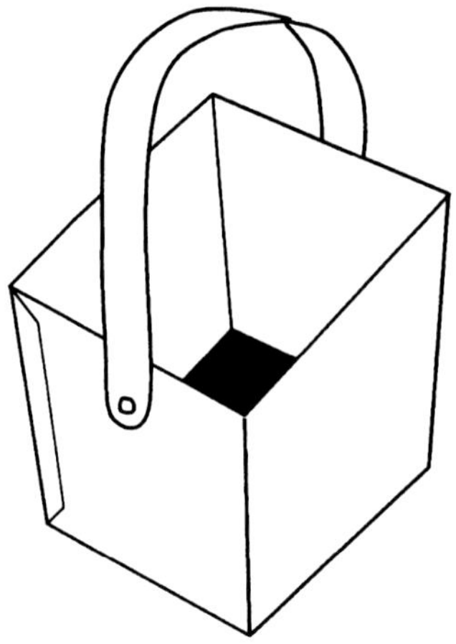

Benötigtes Material:

weißer Fotokarton/Tonpapier
Buntstifte, Farben, Buntpapier
Schere
Klebstoff
evtl. 2 Heftklammern

Arbeitsanweisung:

1. Klebe die Körbchen-Schablonen auf Fotokarton:
   Teil A = 2-mal, Teile B + C = 1-mal
2. Bemale/beklebe die einzelnen Teile des Körbchens und schneide sie aus.
3. Klebe die beiden Teile A aneinander (Skizze).
4. Knicke die großen Laschen (1) nach hinten und klebe sie fest.
5. Knicke die kleinen Bodenlaschen (2) nach vorn.
6. Falte die Mittellinien und schließe die Form zu einem viereckigen Körbchen.
7. Klebe die Bodenplatte (Teil B) innen ein.
8. Zum Schluss musst du nur noch den Henkel (Teil C) falten, aufeinander kleben und mit Klebstoff oder Heftklammern am Körbchen befestigen.

Knete
(Herstellen ungiftiger Knetmasse)

Benötigtes Material:

250 g Mehl
125 g Salz
1 Tasse Wasser
1 EL Öl
2 TL Weinsteinsäure
Lebensmittelfarbe

Zubereitung:

1. Mische alle Zutaten in einem Topf.
2. Erhitze alles bei kleiner Flamme, bis eine feste Masse entsteht.
3. Lass die Knete abkühlen und verarbeite sie dann.
4. Am besten bewahrst du die Knete in einem fest verschlossenen Plastikbeutel oder in einer gut verschließbaren Frischhaltedose auf.

Bastelvorlage „Körbchen“

Teil A (2-mal)

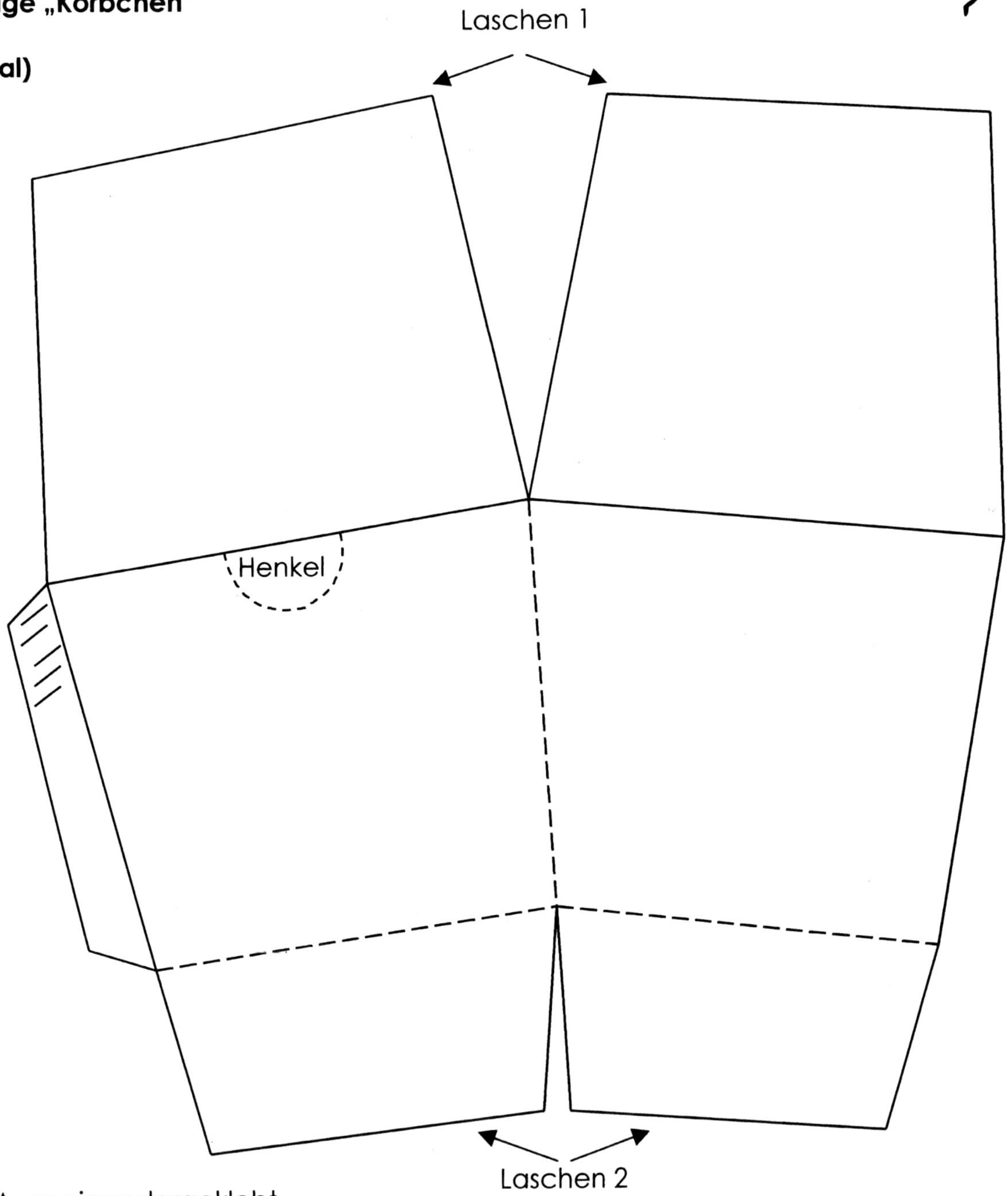

2-mal Teil A, aneinandergeklebt

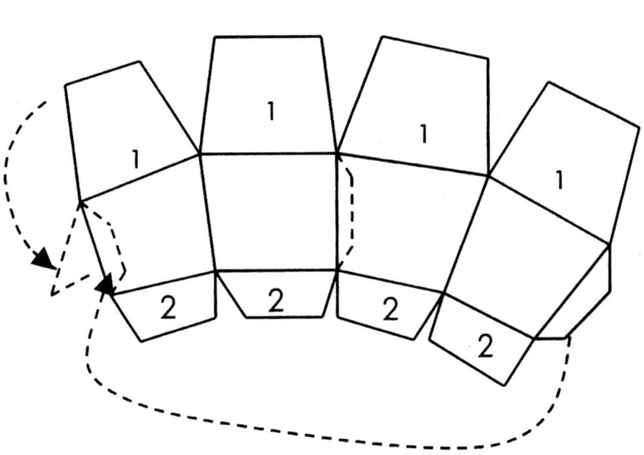

Bastelvorlage „Körbchen“

Teil B (Boden)

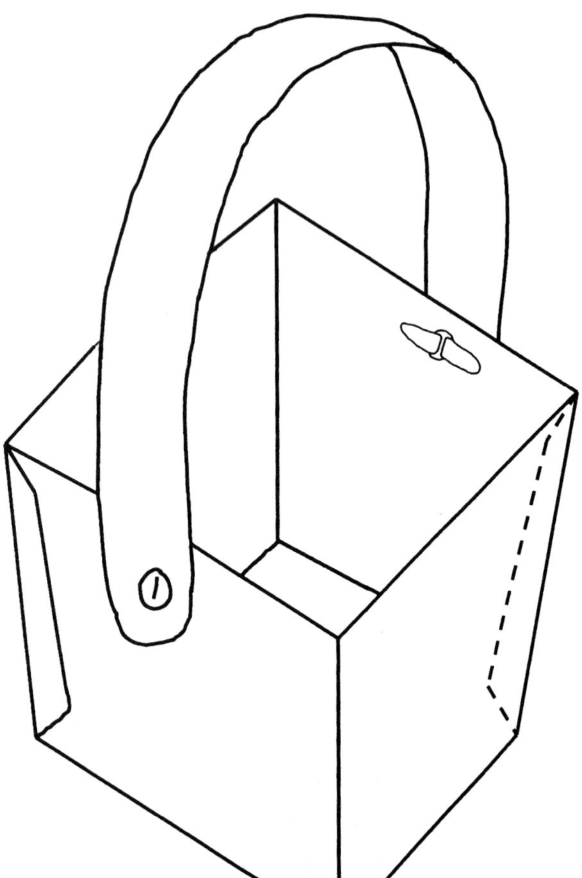

Teil C (Henkel)

P/Pf

Im Rahmen dieser Buchstabeneinheit stehen zwei Übungsschwerpunkte im Vordergrund:

1. Die optische Einprägung von Ausrichtung und Lage im Unterschied zu den Buchstaben b, d und q. Es empfiehlt sich, weitere Materialien (LRS-Training) im Unterricht einzusetzen und die Einzelergebnisse genau zu kontrollieren. Auf diese Weise können Teilleistungsstörungen bereits im Ansatz erkannt und notwendige Diagnostik- und Fördermaßnahmen gezielt eingeleitet werden.
2. Bei der akustischen Einprägung sollte der Schwerpunkt auf der Unterscheidung von p und b (harte und weiche Konsonanten) liegen. Möglichst viele Hörübungen und Spiele mit Kontrolle sollten daher in den täglichen Unterricht eingebaut werden. Dauer und Umfang dieser Einheiten müssen sich an den leistungsschwächeren Schülerinnen und Schülern orientieren (Binnendifferenzierung)!

Die Erarbeitung des akustisch schwer zu differenzierenden pf sollte erst **nach** Sicherung der Lautunterscheidung p / b stattfinden.

Die unterschiedlichen Übungsformen gewährleisten eine Einprägung der Lernwörter auf verschiedenen kognitiven Ebenen.

Als fächerübergreifendes Thema steht die Umwelterziehung im Vordergrund. Die Buchstabengeschichte und ein Teil der Arbeitsblätter sind entsprechend konzipiert.

Die Zusatzgeschichte (Pusteblume, s. S. 120) bietet Arbeits- und Lesematerial für die Binnendifferenzierung.

Weitere Themenvorschläge zum Buchstaben: Papierherstellung, Post.

Bastel- und Spielvorschläge: Aktionstag „Saubere Schule/Schulhof", Bildcollage aus Abfallmaterialien, Perlenbilder, Kopfmasken aus Papiertragetaschen, Papierflieger, Pantomimentheater, Puppentheater.

Die Buchstabenschablone kann mit Perlen oder Pailletten beklebt werden.

Buchvorschläge: J. Botermans: Flieger aus Papier, dtv München 1986

J. Mander/ G. Dipple/ H. Gossage: Papierflieger – Modelle zum Selberfalten, Hugendubel, München 1982

Dinge im Tastsack

Paket/Päckchen	Pelz	Pilz
Panzer	Perle	Pinguin
Papagei	Pfanne	Pinsel
Papier	Pfeffer	Pinzette
Paprika	Pfeife	Pistole
Parfüm	Pfeil	Plastiktüte
Pass	Pferd	Popcorn
Patrone	Pfirsich	Praline
Pedal	Pflaster	Pullover
Peitsche	Pflaume (Mus)	Puppe

Das Tanzlied

Püppchen, komm, wir gehn nach Haus
und dort ruhen wir uns aus.
Setz dich hin, denk daran:
Morgen fang`n wir wieder an.

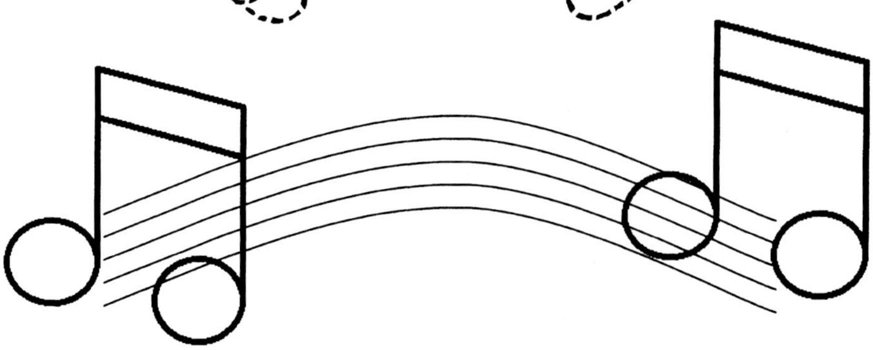

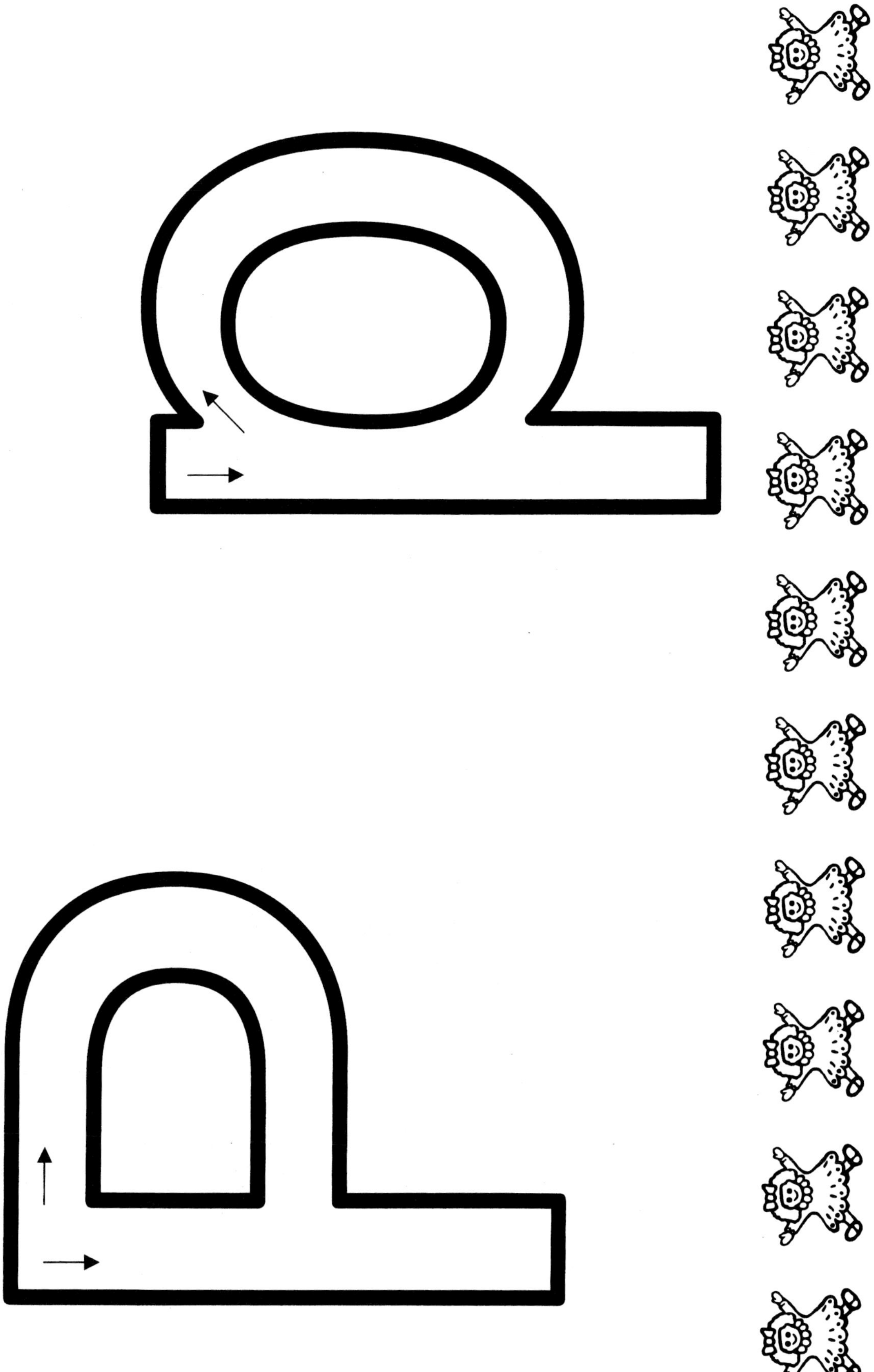

Paula

Paula ist eine  Plastiktüte. Sie liegt auf einem großen Stapel bei der 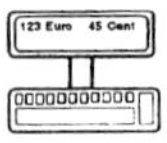 Kasse im Supermarkt.

Dann kommt Petras Mutter, nimmt die Tüte, packt  Lebensmittel hinein und trägt sie nach Hause.

Hier landet Paula in einem 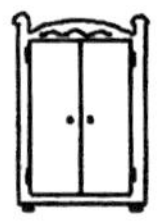 Schrank. Oh, ist das langweilig!

Aber eines Tages nimmt Petra die  Plastiktüte wieder heraus.

Paula ist nun jeden Tag unterwegs, bis sie – peng – platzt und im  Mülleimer landet.

2 Zwei Wochen später findet Paula auf dem Müllplatz viele Freunde: die  Bananenschale, das alte  Puppenkleid, die  Brotkruste, die  Apfelschale und Paul, den kleinen  Stoffhund.

Irgendwann wird sie von einer  Zange gepackt und in einen großen Müllbeutel gesteckt. Hier erfährt Paula, dass sie und ihre Freunde in einer  Fabrik zu neuen, schönen Plastiksachen verarbeitet werden sollen.

Sie freut sich riesig.

Und tatsächlich wird bald aus der  Plastiktüte Paula die hübsche, kleine  Puppe Paula.

1.) **p** -Laut hören, zuordnen
2.) Wörter lesen, schreiben

1) Wo hörst du ein p ?

Anfang	Mitte	Ende

2) Welche Wörter erkennst du? Schreibe sie richtig auf.

Puppe Pizza Pilz Paket Pudel
Pinsel Pulli Paprika Perle
Papagei Palme Pinguin

1.) Punkte in der angegebenen Buchstabenreihenfolge verbinden
2.) Buchstaben unterscheiden, farbig nachschreiben
3.) Wörter verbessern

1)

AMPALMELP	AMPELMEAP	LAMPEMLPA
E	L	E
M L	M E	M P
A P	A P	L A

2)

p d b d b p b p d b

d b d p d b p d b p

p d b d p d b p d b

3)

Pasper Papete Pampelmann Prippe Pulpe Prompete

1.) sinnvolle Sätze bilden, farbig verbinden, ins Heft schreiben, lesen
2.) 10 Unterschiede finden

1)

Der Panda	ist	im Zoo.
Die Pizza		an der Leine.
Das Paket		im Ofen.
Der Pudel		im Wald.
Der Pulli		auf dem Baum.
Der Pilz		aus Wolle.
Der Pelikan		auf der Post.
Der Puma		an der Wand.
Das Plakat		im Urwald.

2)

1.) falsches Bild in jeder Zeile suchen
und durchstreichen

1)

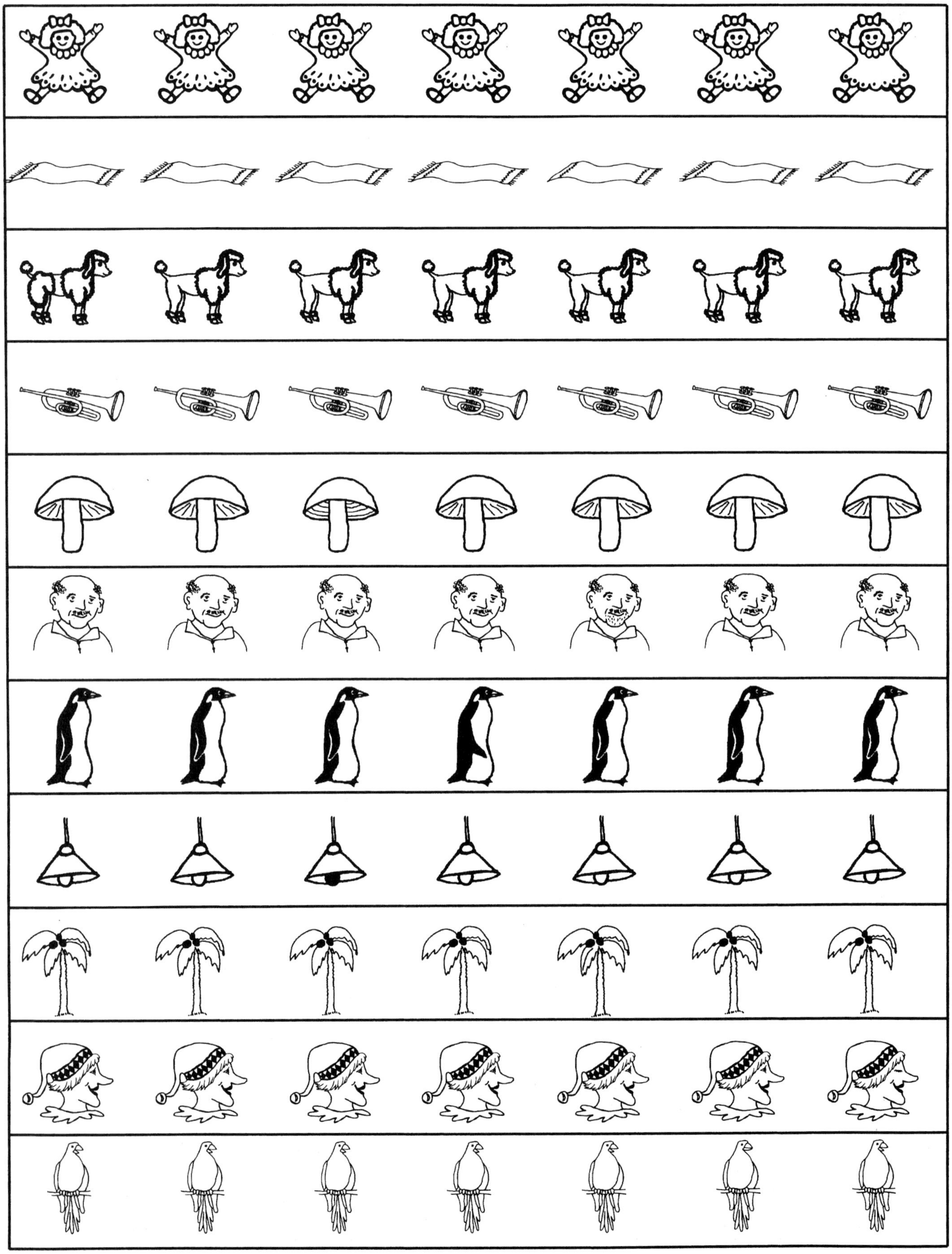

1.) Sätze bilden, schreiben, lesen
2.) richtige Linie nachspuren

1)

Der Roller	pinselt die Wand an.
Der Maler	platzt in der Luft.
Der Pulli	parkt im Hof.
Der Ballon	passt Petra prima.

2)

Wie kommt der Papagei zur Palme?

1.) **Pf** nachfahren, schreiben
2.) **pf** hören (Anfang / Ende / Mitte)
3.) Schlangenwörter lesen, schreiben

1)

Pf Pf Pf

2)

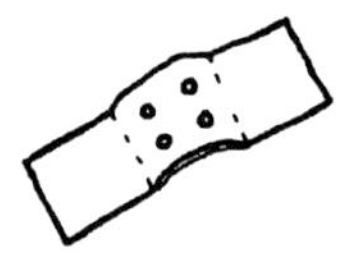

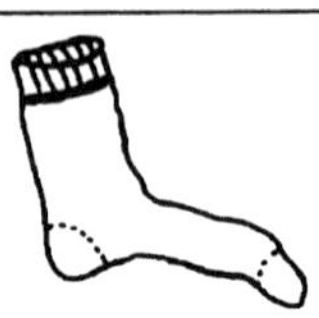

3)

1.) Wörter mit **Pf** im Gitter suchen, markieren, schreiben
2.) Wort bilden, mit richtigem Wort verbinden, schreiben

1)

a	m	P	f	l	a	s	t	e	r	p
l	o	w	f	a	P	f	a	n	d	k
e	P	f	e	r	d	z	r	f	k	h
i	b	h	P	f	l	a	n	z	e	o
p	r	z	w	n	u	P	f	o	t	e
o	s	P	f	a	n	n	e	l	i	a
z	t	b	a	P	f	e	f	f	e	r
u	P	f	u	n	d	p	e	n	f	a

2)

Zopf

Zapfen

Apfel

Topf

Knopf

Kopf

Puh, die Pusteblume

Endlich war aus dem Löwenzahn die Pusteblume geworden. Jeden Tag schaute sie nach, ob bei ihren vielen Kinderchen die Samen schon reif und die Schirmchen schon ausreichend entwickelt waren.

Sie konnte es kaum erwarten, ihre Kinder in die weite Welt hinauszuschicken.

Und eines Tages war es dann endlich so weit: Ein kräftiger Windstoß fegte übers Feld, die Pusteblume wurde leicht hin und her geschüttelt und ein paar Sekunden später konnte sie den Himmel vor lauter weißer Schirmchen ihrer Kinder kaum noch sehen.

Sie platzte fast vor Stolz, denn so schöne Pusteblumen-Kinderchen hatte sie in ihrem ganzen Leben noch nie gesehen. Schnell, bevor sie ganz aus ihren Augen verschwunden waren, rief sie ihnen noch hinterher: „Alles Gute für euren Flug in die weite Welt! Und findet einen wunderschönen Platz, auf dem ihr euch zum Wachsen niederlassen könnt!"

Und schon war kein einziges ihrer Kinderchen mehr zu sehen.

Mein Bild zur Geschichte:

Mein Lieblingsspielzeug

Tanzpuppen

Benötigtes Material:

dünner, weißer Karton
Farbstifte
Schere
Klebstoff

Arbeitsanweisung:

1. Male die Tanzpuppen sorgfältig mit Farbstiften an.
2. Klebe sie auf den Karton.
3. Schneide die Puppen aus.
4. Stecke jeweils Zeige- und Mittelfinger von hinten als Beine durch die beiden Löcher. Und schon können deine Puppen über den Tisch tanzen!

Pizza

Zutaten:
500 g Mehl
1 Päckchen Trockenhefe
¼ l Wasser
1 TL Salz
2 EL Öl
1 Dose Schältomaten
200 g geriebenen Käse
Pizzagewürz
(nach Wahl: Pilze, Salami, Schinken, Paprikaschoten, Mais u.a.)

Zubereitung:
1. Gib Mehl, Hefe, Wasser, Salz und Öl in eine große Schüssel und knete einen festen, zähen Teig daraus.
2. Rolle den Teig aus (ca. ½cm dick) und lege ihn auf ein eingefettetes Backblech.
3. Verteile die Tomaten (Pilze, Salami usw.) über den Teig, würze mit dem Pizzagewürz und streue den geriebenen Käse darüber.
4. Heize den Backofen auf 200°C vor.
5. Schiebe das Backblech auf der mittleren Schiebeleiste in den Backofen und lass die Pizza ca. 20 Minuten backen.

Feine Pilze

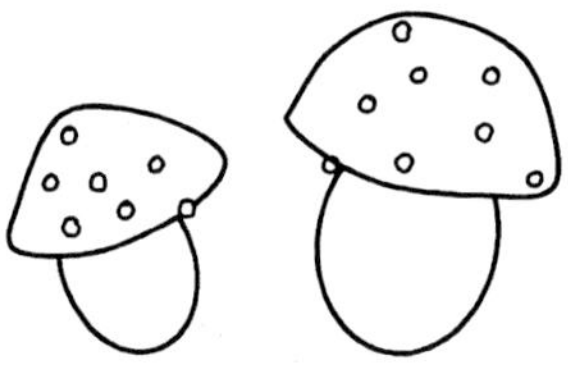

Zutaten:
6 Eier
3 Tomaten
1 Tube Majonäse

Zubereitung:
1. Koche die Eier hart (ca. 10 Minuten), tauche sie in kaltes Wasser und schäle sie.
2. Wasche die Tomaten und halbiere sie. Entferne mit einem kleinen Löffel das Innere der Tomaten.
3. Setze wie ein Hütchen auf jedes Ei eine halbe Tomate.
4. Verziere die Tomate mit kleinen Majonäse-Pünktchen.

Pflaumenmus

Zutaten:
1000 g Pflaumen
500 g Gelierzucker
1 TL Zimt

Zubereitung:
1. Wasche die Pflaumen, entsteine sie und schneide sie in kleine Würfel.
2. Verrühre Pflaumen, Gelierzucker und Zimt.
3. Lass die Masse 10 Minuten unter ständigem Rühren kochen.
4. Fülle das Pflaumenmus in Schraubgläser und stelle sie auf den Kopf, bis das Mus kalt ist.

Ch

Da es für diese Unterrichtseinheit wenig zu ertastende Gegenstände gibt, liegt hier keine Tastsack-Liste vor.

Ch tritt im Deutschen nicht als Anfangslaut auf. Bei Fremdwörtern wird ch im Anlaut als k (Christ, Chor), als sch (Charme) oder als tsch (Chip) gesprochen. Die unterschiedliche Aussprache in deutschen Wörtern, als „ch 1" (ich, echt) im vorderen Gaumenbereich oder als „ch 2" (Dach, Buchstaben) im hinteren Gaumenbereich gebildet, bereitet manchen Kindern bis in die höheren Klassenstufen Schwierigkeiten.

Immer wiederkehrendes Anbieten der verschiedenen Wortbilder bis zum Ende der Grundschulzeit sichert die Speicherung des geschriebenen Wortbildes im Langzeitgedächtnis.

Regional bedingte Unterschiede in der Aussprache (Dialekt) des ch als sch erfordern möglicherweise zusätzliche Übungseinheiten.

Die Zusammengehörigkeit der beiden Buchstaben kann man z.B. durch einen kleinen Bogen (siehe auch: sch, au, eu, ei) hervorheben. Dies erleichtert vielen Kindern in der Anfangsphase das Wiedererkennen des Digraphems beim Lesen und Schreiben.

Mit einer „Zaubertüte" (s. Bastelvorschlag S. 133) können auf spielerische Weise verschiedene Übungen durchgeführt werden: Wörter verwandeln, Tütendiktate (vgl. Dosendiktate), Silben zusammensetzen aus Wortschnipseln, Wort-Ratespiele in Partnerarbeit usw.

Schreibanlass und Buchstabengeschichte können als Einstieg für weitere Themenbereiche eingesetzt werden: Bräuche und Sitten anderer Länder, Internationale Spezialitäten/Gerichte, fremde Länder/fremde Sprachen, Lieder/Musik aus anderen Kulturkreisen, Religionen, Migration usw. (hierzu gibt es kindgerechte Unterrichtsmaterialien von UNICEF, Tonträger aus Landesbibliotheken u.Ä.).

Unterrichtsbegleitende Aktivitäten: Besuch eines Heimat- oder Völkerkundemuseums, Bildmaterialien aus Reiseprospekten/Magazinen zusammenstellen (Gruppenarbeitsauftrag), internationaler Spezialitäten-Brunch in der Schule, Flaggen und Ländernamen zuordnen (Schulatlas), Zauberworkshop usw.

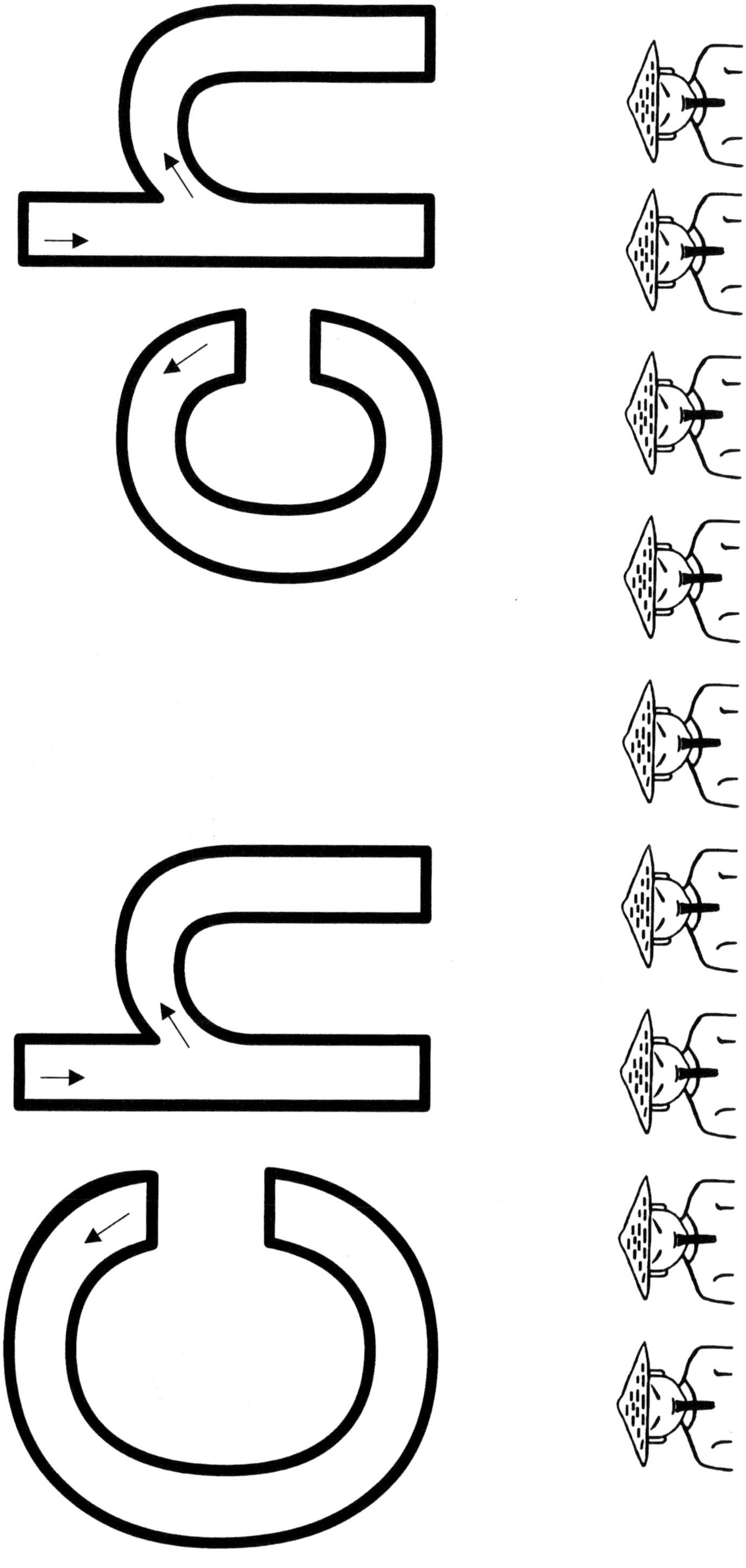

Die Geschichte vom kleinen  Chinesen Li

Li ist ein kleiner Junge. Er lebt in China und spricht 未見扌 chinesisch.

Eines Abends kommt sein Vater nach Hause und erzählt ganz freudig:

„Stellt euch nur vor, wir ziehen bald nach Deutschland! Ich habe dort eine neue, interessante Arbeitsstelle bekommen."

Mutter holt sofort den großen Globus. Auf der Weltkugel sucht die Familie ihre neue Heimat. Um nach Deutschland zu kommen, muss man um die halbe Welt fliegen. Am nächsten Tag berichtet Li die Neuigkeiten in seiner Klasse. Die Lehrerin hat ein Buch über Europa mit vielen Bildern aus Deutschland.

Li, seine Geschwister und seine Eltern freuen sich schon riesig.

Die Wochen bis zur Abreise vergehen wie im Flug. Und eines Tages ist es so weit: Li und seine Familie kommen in Frankfurt an.

Deutschland ist wirklich sehr fremd. Hier sehen die Menschen ganz anders aus als in China. In seiner neuen Klasse gefällt es Li aber sehr gut und bald hat er viele Freunde. Nur die neue Sprache fällt ihm sehr schwer.

Als Li seiner Mutter Blumen zum Geburtstag schenken möchte, versteht die Verkäuferin im Blumenladen nicht, was er haben will.

Traurig verlässt Li das Geschäft.

Auf der Straße trifft er seinen Freund Markus und erzählt ihm, was gerade passiert ist.

Markus überlegt – und dann hat er eine Idee ...

1.) Wörter bilden, aufschreiben
2.) Satzteile verbinden, Sätze schreiben

1)

Lose

Lakete

Lad

Ladio

Labe

Lock

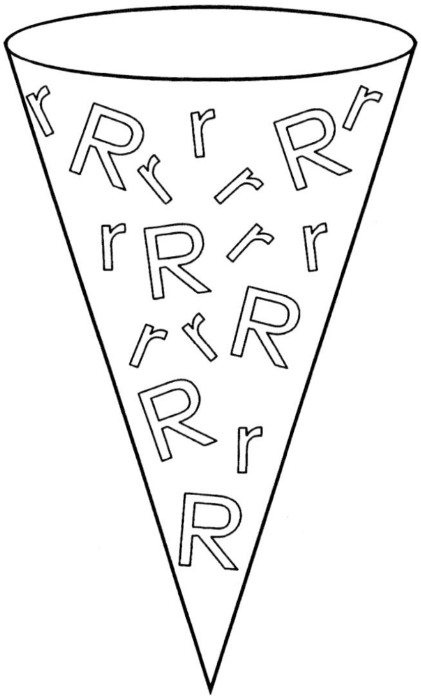

2) Hier hat der Chinese nicht richtig gezaubert :

Er taucht	sein Haus.
Er pocht	ins Wasser.
Er sucht	an die Tür.
Er kocht	seine Tüte.
Er streicht	im Topf.

1.) Verben von 2.) zuordnen, schreiben
2.) Sätze bilden, ins Heft schreiben
3.) Muster fortsetzen

1)

  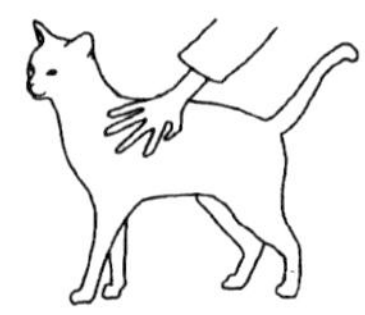

2)

Kannst du Sätze bilden? Schreibe sie ins Heft!

horchen lachen streicheln riechen kochen rauchen fauchen zeichnen streichen

3)

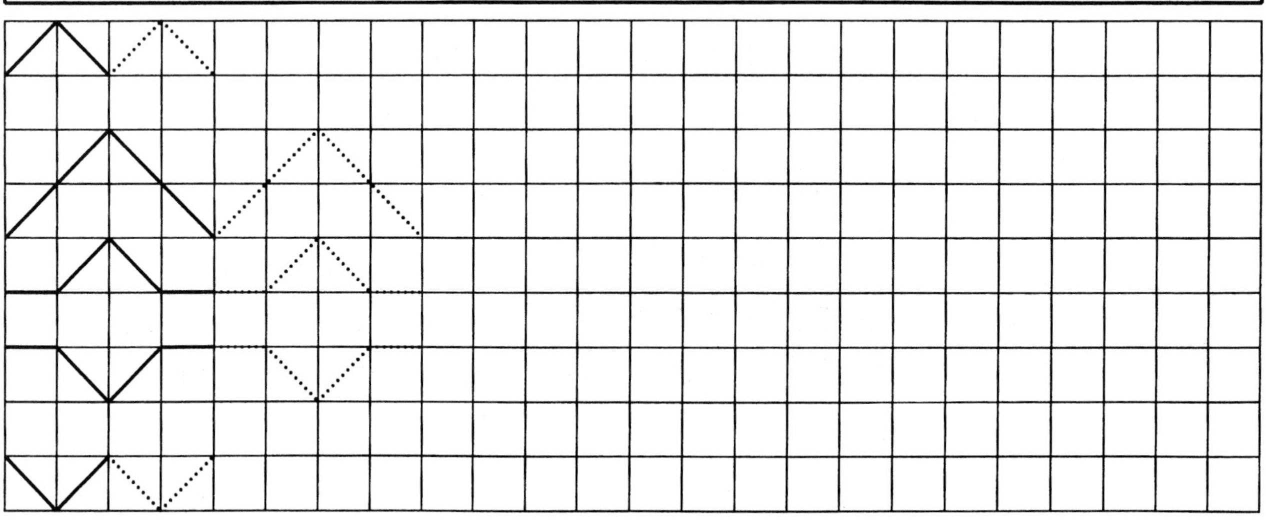

1.) Wörter laut lesen, genau hören
2.) Dinge benennen, Wörter schreiben
3.) lesen, singen

1) **Kannst du diese Wörter richtig sprechen?**

Lachs, Ochse, Wachs, Luchs, Eidechse, Büchse, Achsel, sechs, Fuchs, wechseln, Dachs, Gewächs

2)

3)

3 Chinesen mit dem Kontrabass
saßen auf der Straße
und erzählten sich was.
Da kam die Polizei:
„Ja, was ist denn das?"
3 Chinesen mit dem Kontrabass!

Wortspiele mit der Zaubertüte (Bastelvorschlag s. S. 133)

1.) Tütendiktat: Wortstreifen schneiden, in eine Tütenseite stecken, einzeln entnehmen, lesen, merken, in die andere Tütenseite stecken, schreiben
2.) Lückenwörter: schneiden, einzeln aus der Tüte nehmen, erkennen, ins Heft schreiben
3.) schneiden, Silben zusammensetzen, kleben, ins Heft schreiben

1)

Li kommt aus China.

Li lacht gern.

Li mag Kuchen.

Li streichelt die Katze.

Lis Papa kocht Reis.

Lis Mama raucht Pfeife.

2)

Dra___ __ __ | Kno___ __ __ | Bu___ | Fa___

Be___ __ __ | Tu___ | Da___ | Tri___ __ __ __

Pe___ | Ku___ __ __ | Kir___ __ | Schi___ __

Bau___ | Rau___ | Li___ __ | Lo___ | Ba___

Kra___ | Flu___ | Tau___ __ __ | Sa___ __ __

Stor___ | Schl__ __ ___ | Scha___ | Mol___

3)

bre | rie | ko | kra | fau | su | rä | krie | lo | la

tau | po | spre | rau | ma | ste

chen | chen | chen | chen | chen | chen

chen | chen | chen | chen | chen | chen

chen | chen | chen | chen

1.) Wörter bilden, schreiben
2.) Reimwörter suchen

1)

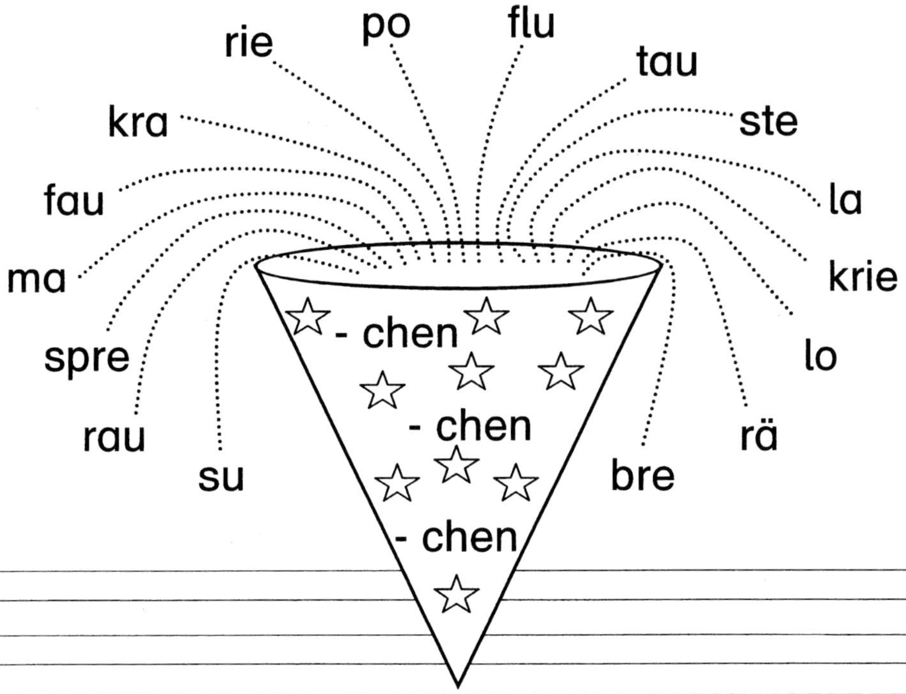

2)

__ icht	__ __ achen	__ auch
______ icht	__ achen	__ auch
__ icht	__ achen	______ __ auch

__ ach	__ uch
__ ach	__ __ uch
__ ach	__ uch

L R Fl S
T Sch D
Dr B W F B
Schl R B

Kinder in unserer Klasse

Zaubertüte

Benötigtes Material:

1 Bogen DIN-A4-Papier (weiß oder bunt)
Buntstifte oder selbstklebende Glitzersterne
Klebstoff

Arbeitsanweisung:

- Falte das Papier Schritt für Schritt wie unten auf den Skizzen 1–6.
- Am Schluss schiebst du die Ecken a und b ineinander (Skizze 7).
- Jetzt kannst du die Zaubertüte mit Linien oder Sternchen hübsch verzieren.

Wie zaubert man?
Du steckst einen flachen Gegenstand – z.B. eine Spielkarte – für alle Zuschauer gut sichtbar durch die eine Öffnung der Tüte.
Jetzt schließt du die Tüte, bewegst sie geheimnisvoll hin und her, murmelst einen Zauberspruch und ... öffnest nun vor dem erstaunten Publikum die **zweite** Öffnung der Tüte. Von hier aus sieht die Tüte natürlich leer aus!
Anschließend kannst du die Spielkarte genauso wieder „herbeizaubern".

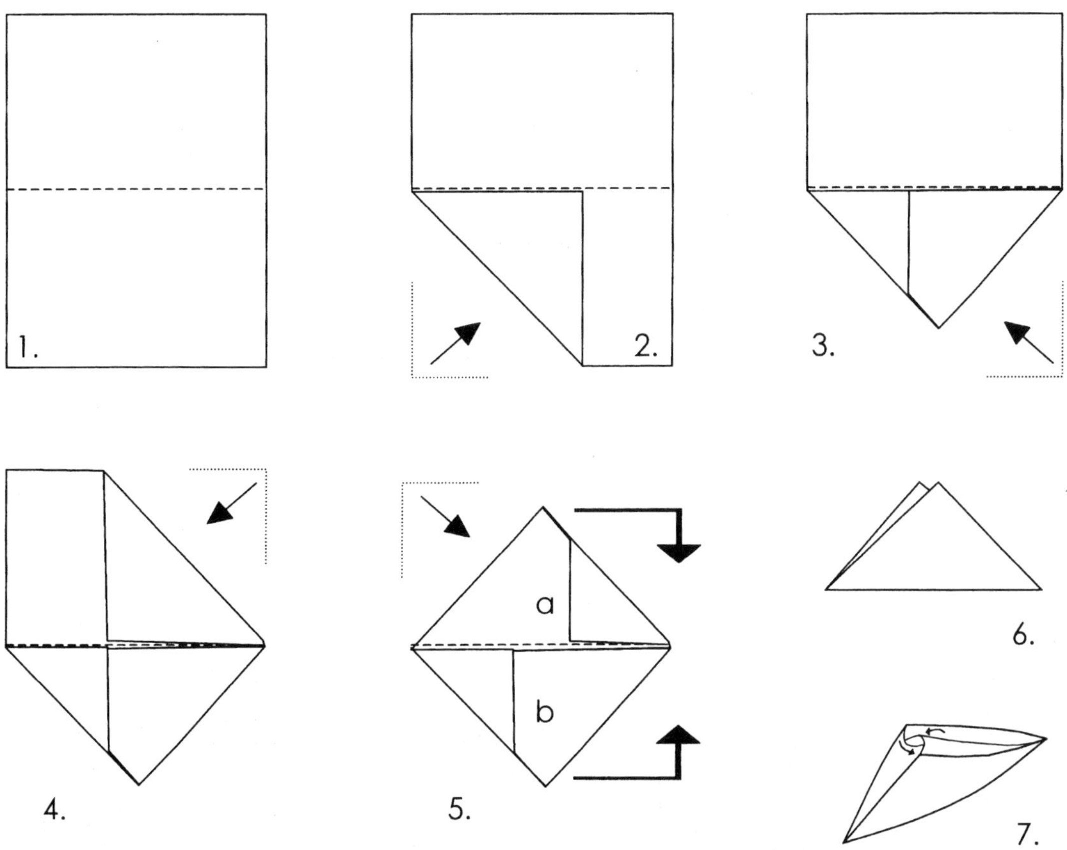

Bilderwand: „Kinder unserer Klasse“

Lebensgroße Figurenumrisse in verschiedenen Körperhaltungen ergeben ein großflächiges Gesamtwerk, das sich zur Dekoration von Flur, Treppenhaus oder Eingangsbereich des Schulhauses eignet.

<u>Benötigtes Material:</u>

Packpapierrollen (1m breit)
Tafelkreide
Dispersionsfarben
extrabreite Flachpinsel
Vaseline
Schere
KFZ-Polierwatte

<u>Arbeitsanleitung:</u> (immer 2 Kinder arbeiten zusammen)

1. Ein Kind legt sich auf das Packpapier.
2. Sein Arbeitspartner überträgt sorgfältig den Körperumriss mit Kreide auf das Papier.
3. Beide Kinder malen anschließend die Figur gleichmäßig und deckend in einer Farbe an.
4. Mit Komplementärfarbe wird nun ein einheitliches Muster aufgemalt (Kreuze, Punkte, Striche, Dreiecke, Vierecke o.Ä.).
5. Um die Leuchtkraft und Wischfestigkeit zu erhöhen, werden die Figuren nach dem Trocknen mit Vaseline und KFZ-Watte poliert.
6. Zum Schluss werden die Figuren ausgeschnitten.

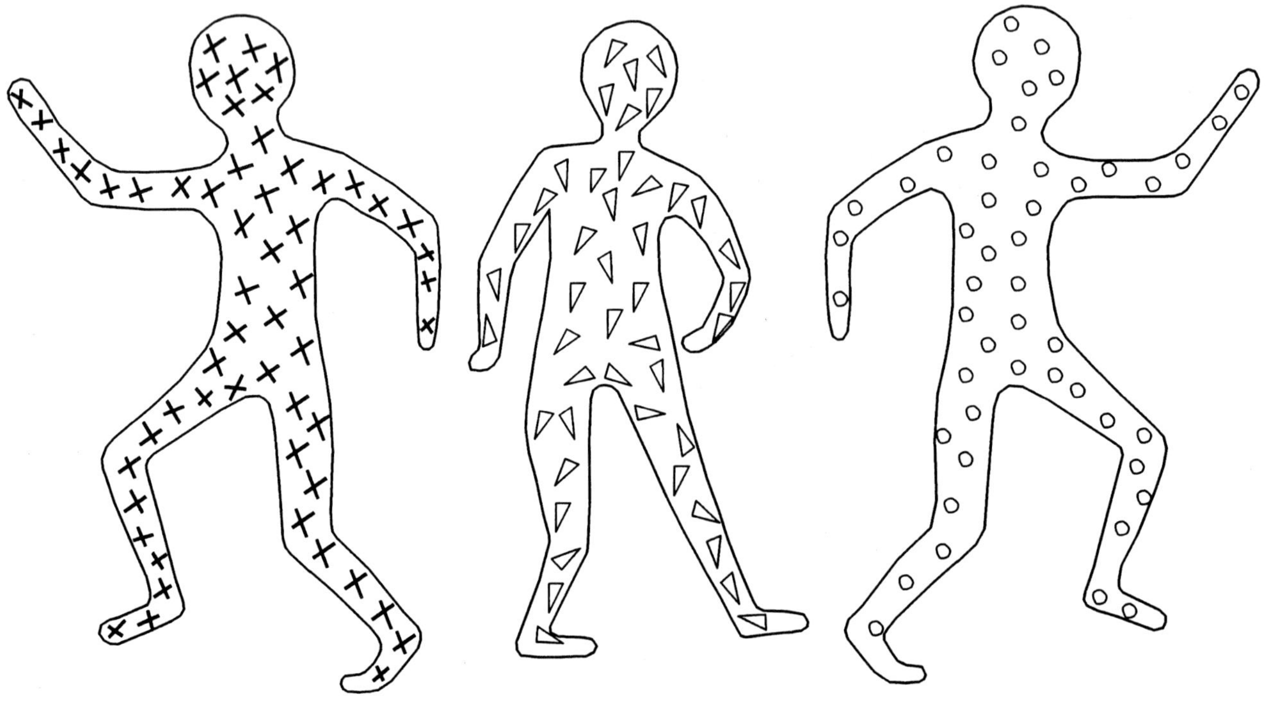

Milchreis – Lis Lieblingsgericht

Zutaten:

2 Tassen	Rundkornreis (Milchreis)
5 Tassen	Milch
3 EL	Zucker
1 Prise	Salz
1 TL	Zimt
1 Paket	Rosinen

Zubereitung:

1. Lass die Rosinen eine halbe Stunde in Wasser einweichen.
2. Gib Milch, Reis und eine Prise Salz in einen Topf. Lass alles bei schwacher Hitze im geöffneten Topf 30–40 Minuten kochen.
3. Rühre regelmäßig mit einem Kochlöffel um, damit nichts anbrennt.
4. Vermische Zucker und Zimt.
5. Fülle den Reis in eine Schale, streue Zimtzucker darüber und garniere den Reis mit Obst (z.B. Erdbeeren, Bananenscheiben, Orangen).
6. Schütte die Rosinen in ein Sieb, brause sie mit kaltem Wasser ab und serviere sie dazu.